KB207008

진료실
자본론

자본론,
마르크스

진료실

어느 개원의의 고민
히포크라테스냐 자영업자냐, 그것이 문제로다

자본론

의학의 아버지,
히포크라테스

전영웅 지음

청아출판사

"서는 데가 바뀌면 풍경도 달라지는 거야."

최규석의 작품 《송곳》에 나오는 대사이다. 《송곳》은 페이지를 넘길 때마다 크게 공감하며 읽은 작품이다. 현실 속 노동자와 경영자 간의 갈등을 그토록 세밀하면서도 쉽게 그려낸 작품은 좀처럼 만나기 어려울 것이다.

봉직의 생활을 마치고 개원을 준비하며, 드디어 나는 원장이라는 직함을 달고 진료를 시작했다. 급격한 전환 또는 완전한 변신을 하며 정신없던 그 시간을 보낼 때, 머릿속에서 끝없이 맴도는 것은 바로 저 문장이었다. 그리고 실제로 서는 데가 바뀌니 풍경이 달라졌다. 풍경이 달라지니 생각도 관심사도 달라졌다. 직함은 바뀌었지만 시선과 사고까지 달라질 것이란 생각은 못했다. 그런데 나는 이미, 내 의도와는 상관없이, 예전과는 다른 관심과 생각을 하고 있었다. 아, 정말, 서는 데가 바뀌니 풍경도 달라지는구나……. 봉직의 시절에는 임금, 휴가, 삶의 여유 등을 생각했다면, 개원의가 되고 나니 대출, 직원 임금, 기계 관리, 매출, 이윤 등을 생각하고 있었다.

마르크스는 생산 수단을 소유한 자본가와 자신의 노동력을 자본가에게 팔아서 생계를 유지하는 노동자 간의 갈등 관계에 주목했다. 갈등이 목적하는 것은 결국 자본의 증식이며, 자본은 자체로 살아 움직이며 스스로 증식을 위해 인간을 지배한다고 보았다. 자본주의란 자본 스스로의 증식을 위해 인간을 자본가와 노동자로 나누어 활용하는 구조라고 볼 수 있다. 의사라는 전문 직함이 이해를 조금 불편하게 만들긴 하지만, 나는 임금을 받는 노동자에서 자본을 증식시키고 노동자들에게 임금을 주어야 하는 자본가가 되었다. 구조의 큰 틀 안에서 처지가 달라지니, 풍경이 달라지는 것은 당연한 일이었으리라.

봉직의 시절, 원장님은 매번 병원의 매출을 이야기했다. 쉽게 말해 매출이 충분해야 월급도 줄 수 있는 거라며 직간접적인 압박을 가했다. 개원의가 되어 원장 직함을 달고 나니, 매출을 살피는 일은 매우 중요한 업무가 되었다. 나는 열심히 매출을 올려서 직원 월급도 주고 병원 관리도 하고 내 몫도 챙겨야 했다. 그러려면 나는 환자를 되도록 많이 보고, 진료비 역시 되도록 많이 받아야 한다. 그렇게 되려면 세상에 환자는 충분히 많아야 하고, 진료비를 많이 받을 만큼 아픈 환자들도 많아야 한다. 정말 세상엔 환자들이 많으며, 비싼 진료비를 내야 할 만큼 아픈 사람들이 많아서 나는 그 환자들을 진료하게 되는 것일까? 혹시 병원의 매출을 올리기 위해 환자를 만들어야 하고, 진료비를 많이 받기 위해 그만큼 아픈 사람들을 만들어내는 것은 아닐까? 고민의 시작이었다.

그런데 개원의가 되고 나서는 또 다른 의문이 생겼다. 나는 병원을 준비하며 오로지 나만의 노력과 자금을 들였는데, 준비를 마치고 나니 나라에서는 건강 보험이 정해 준 의료 수가대로만 진료비를 받으라고 한다. 자본주의 사회에서 이게 맞나 싶은 의문이 들었다. 온전하게 내 돈 들여 식당을 차렸는데, 갑자기 나라에서 밥값을 얼마까지만 받으라고 강제한다면 식당 사장은 온전하게 이를 받아들일까? 의사 입장에서 한국의 의료 구조는 피상의 수준에서도 어딘가 부조리함을 느끼게 하는 모순을 지니고 있었다.

자본론이 직접적으로 그 모순을 설명해 주지는 않지만, 모순의 근원이 어디에서 발생하는지 그리고 어떠한 모습으로 존재하는지 깨닫게 해 주었다. 모순은 한국의 의료구조 안에서 활동하는 의사들의 사고와 행위를 많은 부분 지배하고 있음도 알 수 있었다. 모순을 해결하려는 노력이, 한국의 의료가 필요한 변화를 거쳐 나아가야 할 방향을 제시할 수 있는 근거가 될 것이라는 기대도 생겼다. 자본론은 철학과 구조 해석의 관점에서, 우리가 잘 모르거나 느끼지 못했던 한국의 의료 구조를 이해하는 하나의 틀로서 가치가 있었다.

글을 시작하기 전 두 가지를 미리 말해두고 싶다.

첫째는 의료 상품의 기본 특성에 대한 내용이다. 의사의 서비스 상품은 다른 많은 상품들과 달리 누구나 생산할 수 없다. 의사나 변호사 등의 전문 직종이 생산한 서비스 상품들은 일정한 자격을 취득한 소수만 생산 자격이 주어진 독점적 시장이며, 이 독점성으로 인해 가격에는 프리미엄이 붙는다. 의사들이 시장 논리로 공정성을 주장하거나, 부당한 상황이라 호소해도 일반 시민들에게 잘 공감받지 못하는 이유도 이 프리미엄 때문이다. 본문에서 의료의 가치를 설명할 때, 마찬가지 이유로 많은 대목에서 일반 독자들에게 쉽게 받아들여지지 않을 수 있기에 미리 설명을 붙여둔다. 그러나 또한 같은 이유에서, 의사가 생산하는 의료 서비스 상품 역시 모든 재화와 서비스가 상품인 사회에서, 하나의 상품이기에 자본론에 의거한 분석이 필요하며 가능하다고 판단했다.

둘째는 의사 개인의 개원 과정을 담은 경험담과 함께 한국의 의료 구조를 자본론의 관점에서 어떻게 분석해 볼 수 있을까를 고민하였다.

그런데 글이 마무리될 무렵, 난데없이 정부는 '의대 정원 2,000명 증원'이라는 정책을 발표했다. 숫자 자체만으로도 충격이 커서 잠시 멍한 상태로 보내다가, 이 역시 자본의 관점과 작금의 현실을 살아가는 의사의 관점에서 풀어 볼 수 있겠다는 생각이 들어 글을 조금 보태어 봤다. 얕기만 한 지식과 머리로 써 내려간 글이라 독자분들의 이해에 얼마나 보탬이 될 수 있을지 알 수 없다. 다만 조금이라도 보탬이 되기를 바라며 글을 시작하겠다.

3부 대한민국 의료 위기

Epilogue

1부

개원할 결심

고민의 시작은 출근길에서였다.

제주시 외도동에서 서귀포시 강정동으로 향하는 평화로를 달리고 있었다. 포근한 봄날의 낮 공기에 졸음이 쏟아졌다. 졸음을 이기려 힘을 준 눈은 금세 게슴츠레해졌다. 익숙함은 오래지 않아 피로가 되었다. 내가 졸지 않으려 버티며 운전대를 잡고 있는 이 안간힘은 봄날의 포근함 때문이라기보다는 익숙함에서 오는 피로감에 가까웠다. 또는 그 피로감에 봄의 포근함이 얹어졌기 때문이었다. 6년 하고도 6개월, 평일이면 날마다 평화로 위를 왕복했다. 지도로 대략 거리를 측정해 보니 편도 42킬로미터 정도였다.

그렇게 오래 다녔으니 피로는 당연한 것이었다. 차에 넣는 연료값도 만만찮게 들었다. 하루에 출퇴근 두 시간은 그냥 길에서 버린다 생각해야 했다. 혹자는 이렇게 말할 수도 있다. 왕복 80킬로미터에 하루 두 시간을 출퇴근으로 소모하는 일은 육지나 도시에서는 흔한 일이라고. 맞는 이야기다. 제주에서도 생각보다 많은 사람이 한라산을 넘어 출퇴근한다. 하지만 산을 넘는 일, 즉 제주와 서귀포를 오가는 일은 심리적으로 부담되는 일이다. 그것은 마치 서울과 대전을 매일 오가는 정도의 심리적 부담과 비슷하다. 내가 사는 생활권을 벗어나 다른 생활권으로 가는 일 역시, 물리적 거리와는 관계없이 심리적 소외가 생기는 일이기도 하다.

더운 날, 추운 날을 가리지 않고 한라산 서쪽 능선을 매일 두 번씩 넘었다. 더위야 상관없는 일이지만, 태풍 때 폭우나 강풍에 운전대를 바짝 쥐어야 했다. 한겨울은 더욱더 문제였다. 평화로는 눈이 내리면 어김없이 얼었다. 한밤에는 블랙아이스도 자주 생겼다. 평화로는 그나마 제설 작업을 하기 때문에 상대적으로 안전하지만 평화로로 진입하는 샛길은 대부분 언덕인데다 제설 작업을 하지 않았다. 체인을 장착하거나 윈터타이어로 갈아 끼우지 않으면 꼼짝없이 길 위에서 고립되곤 했다. 사람들은 서귀포 서쪽의 중문이 따뜻한 휴양지라고 알고 있다.

그러나 2월의 밤이면 며칠은 어김없이 도로가 빙판이 되어 차들이 미끄러지고 뒤엉킨다는 사실을 모른다. 그래서 나는 겨울철이면 반드시 윈터타이어로 갈아 끼우고, 미끄러지고 꼼짝없이 서 있는 차들 사이를 비켜 가며 어떻게든 출퇴근을 이어 갔다. 6년을 넘기는 출퇴근은 계절마다의 도로 사정을 파악하게 해 준 아주 요긴한 경험이었다.

단지 출퇴근길의 피로 때문만이었을까? 사실 나는 다니고 있는 병원에서의 역할에 대해 진지한 회의를 하고 있었다.

병원은 세 명의 의사가 진료를 하고 있었다. 대표 원장과 선배 의사 그리고 나 셋이 공동 원장 형식으로 동업하고 있었다. 대표 원장 아래에서 4년을 좀 넘게 봉직의로 있던 중에, 선배 의사가 중간에 동업자로 들어와 2원장이 되었다. 그 후 나도 동업을 권유받아 지분 투자 후 부원장에서 3원장으로 직책이 바뀌었다. 나는 봉직의 시절 담당한 일반 진료 및 검진 업무를 2원장에게 넘긴 후, 3원장 외과의로서 개원의가 할 수 있는 수술을 시작하기로 했다. 그러나 칼을 놓은 지 5년이 넘는 마당에 다시 칼을 잡는 일이 마땅한가에 대한 두려움이 있었다. 계획한 수술을 하는 개인 병원에 참관도 다녀오고 공부도 다시 시작했지만, 두려움은 쉽게 가시지 않았다. 그래서 시작을 조금 주저하고 있었는데, 코로나19 바이러스가 퍼지기 시작했다. 병원의 분위기는

급변했다. 코로나19 팬데믹을 어떻게 대처할 것인가에 대한 고
과 불안이 뒤섞이기 시작했다. 수술은 언감생심이었다. 병원
유지와 백신 사업 참여에 중점을 두고, 나와 2원장이 검진을 같
이 담당하며 팬데믹 시기를 버텨야 했다. 팬데믹은 조금씩 안정
이 되었고, 시간이 지나며 나의 역할도 수술보다는 검진과 일반
진료를 담당하는 정도에서 고정되었다. 병원의 기능을 늘리지
않으니 상대적으로 의사가 많아 야간 진료까지 진행했고, 나는
오후부터 야간까지 진료를 담당했다.

결국 고정된 역할이 회의감으로 이어졌다. 의사 셋이 엇비
슷한 기능을 하며 시간만 나누어 진료를 담당하는 일은, 병원
의 입장에서는 비효율적이었다. 다행인 것은 환자들이 꽤 많아
서 운영은 어느 정도 유지되었다. 하지만 같은 업무를 하다 보
면 역할에 소외나 회의를 느끼게 마련인데, 내가 그러했다. 1원
장이나 2원장이 진료하던 환자가 이런저런 이유로 나에게 진
료를 받으며, 진료 의사가 바뀌는 데 불안을 이야기했다. 게다
가 의사마다 비교를 하는 환자들도 있었다. 실력이나 환자와의
라포(rapport)를 떠나 서열상으로 어쩔 수 없이 다른 원장의 보
조 역할을 할 수밖에 없는 실정에도 약간의 회의가 생겼다. 만
일 수술을 시작하여 다른 원장과는 차별화된 독자적 영역을 구
축하였다면 느끼지 않아도 될 감정이었다. 하지만 수술을 시작

하려다 말고 과거의 역할로 회귀한 외과 의사는 어쩔 수 없이 그런 감정이 쌓일 수밖에 없었다. 게다가 담당한 야간 진료 환자들이 많은 것도 아니었다. 결국 2년 2개월의 공동 원장 자리를 내려놓고 병원을 그만두겠다고 통보했다. 코로나19 팬데믹은 안정된 상태였지만 여전히 위협적이었다. 그보다는 피로감과 역할과 지위에 대한 회의가 나를 더 옥죄었다.

평화로의 서귀포 쪽 구간 단속 카메라를 지나 내리막에 들어서면 정면으로 산방산이 보인다. 산방산 좌측으로 마라도의 반이 비죽 보이고, 우측으로 가파도의 반이 비죽 보인다. 그 광경을 보며 익숙해진 운전은 본능처럼 가속 페달에 힘을 주었다. 졸린 눈이 이제는 좀 떠지는데, 문득 '이제는 집 근처에서 진료를 하고 싶다'라는 생각이 간절해졌다. 집 근처가 아니더라도, 집과 같은 생활권에서 진료를 하고 싶어졌다. 출퇴근 시간도 줄이고 싶었다. 그러려면 개원을 해야 했다. 내가 개원을 할 수 있을까? 내 성정이 개원과 어울릴까? 나같이 현실감 없는 사람이 사업을 하면 망하는 거 아닌가? 하는 부정적 생각도 같이 자라났다. 헬로키티 아일랜드와 테디밸리 골프장을 지나 상창교 차로 앞에서 차를 멈추었을 때는 '그래도 의사 인생에 적어도 한 번쯤은 개원을 해 봐야 하지 않을까?' 하는 생각이 불쑥 자라났다. 마흔 중반의 나이, 이보다 더 늦으면 개원은 정말 힘들

수 있다는 이야기도 많이 들었다. 교차로에서 좌회전 후 중산
간 서쪽 길에 들어서 속도를 높여 달리고 있을 때엔, '내가 원
하는 생활권에서 진료를 하는 방법은 현실적으로 개원밖에 없
지 않나?' 하는 판단이 각인처럼 가슴에 박혔다.

4년 4개월의 봉직의와 2년 2개월의 공동 원장으로서 진료
는 그렇게 마무리되었다. 통보 후 6개월의 정리 기간과 함께,
2021년을 가득 채우고 나는 서귀포에서의 진료를 마감했다. 아
쉬워하는 서귀포의 지인들과 새로 진료를 시작할 것을 기대하
는 제주 지인들의 희비가 교차했다. 공동 원장의 입장에서 자
리를 정리하고 진료를 마감하는 일은 복잡하고 속 시끄러운 일
이었다. 현실은 냉엄했고, 나같이 현실에 예민하지 못한 사람은
서울이 아닌 남쪽 끝 서귀포에서도 눈감고 코를 베이는 건 아
닌지 걱정이었다. 상황이 어찌 되었든, 나는 인생에서 그리고
의사의 삶에서 한 챕터를 마무리했다. 해가 바뀌는 한겨울의
매서운 제주 바람에 약간의 후련함이 섞여 있는 것 같았다.

개원, 낭만과 현실 사이

나는 경쟁에 어울리는 사람일까? 아니, 경쟁을 해야만 하는 구조에서 잘 버틸 수 있을까? 개원을 다짐한 후로 계속해서 내 머리와 가슴을 맴도는 질문이었다. 소질 없는 사람이 어울리지 않는 일에 맞닥뜨린 기분이었다. 내가 내 앞길을 결정했는데도, 나는 결정 이후로 이질적인 감정과 기분에 둘러싸여 지냈다. 시간을 건너뛰어 현재의 시점에서 말하자면, 지금도 마찬가지다. 다행히 꾸준함과 적응이라는 능력이 있어 버티는 중이다.

시작부터 그랬다. 개원을 다짐하고 먼저 시작한 일은 개원 자리를 알아보는 작업이었다. 나는 출근 전 오전 시간과 주말이면 개원할 곳을 찾아 제주시 인근을 돌아다녔다. 생각해 둔

조건이 있었다. 첫째는 내가 사는 동네에서 걸어서 또는 자전거를 타고 다닐 수 있는 거리여야 한다. 둘째는 시내로 들어가지 않는다는 다짐이었다. 내가 사는 동네는 제주시와 애월읍의 경계에 있어서, 첫째 안대로라면 시내와는 전혀 관계가 없는 지역이었다. 둘째 안은 거의 절대적인 조건이었는데, 경쟁을 정말 하고 싶지 않다는 본능적 몸부림의 외적 발산이나 다름없었다. 하지만 바라는 집 부근 자리엔 개원을 할 만한 위치나 공간이 없었다.

시내로는 정말 들어가고 싶지 않았다. 야간 진료를 해야 할 수도 있었고, 공휴일이면 오전 진료를 해야 할 수도 있었다. 일요일은 좀 쉴 수 있겠지만, 토요일엔 늦은 오후까지 진료실에 앉아 있을 수도 있었다. 나는 시간과 마음의 여유를 잃고 싶지 않았다. 주말과 휴일의 일부를 진료실에 앉아 있어야 하는 이런 모습은 한국에서 개원한 의사들의 보편적인 현실이다. 개원의들의 보편적인 현실을 애써 외면하면서 개원을 생각하는 나는 어찌 보면 어처구니없는 인간이었다. 하지만 그것이 현실적 판단일 수 있었던 것은, 나는 전공한 대장항문외과 영역을 포기하고 일반의로 개원해야 하기 때문이다. 시내의 넘쳐나는 전문의들 사이에서 전공을 포기하고 일반의로 진료를 보겠다는 것은 그 자체로 모험이자 도박이었다. 감기 증상이 조금만 보여도 이비인후과를 찾아가고, 단순히 고혈압 약만 처방받는 일도 내과를 찾아가는 일이 당연한 세상이다. 더구나 빼곡한 빌딩 숲속에 전문 분야 진료를 내세운 전문의들이 넘치도록 많은데, 그 사이에서 일반의로 살아남는 일은 거의 불가능했다. 새벽 진료를 하거나 늦게까지 야간 진료를 해야만 그나마 가능성을 생각할 수 있는 일이었다.

개원하겠다는 나에게 조언을 한 친구들은 하나같이 그랬다. 적절한 반경 내에 인구수가 얼마 이상이어야 개원이 가능할 것이라고 말이다. 제주에서 그런 지역은 시내 말고 없었다. 그리고 조금이라도 인구가 있는 시내 외곽이나 읍 단위에는 적어도 하나 이상의 의원이 오래전부터 자리를 차지하고 있었다. 한마디로 내가 원하는 개원의의 삶이란 없거나 희박하며, 내가 원하는 자리는 이미 이 섬 안에 존재하지 않았다. 생각을 고치거나, 어디든 파고들어서 버티는 수밖에 없었다.

반경 몇 킬로미터 이내에 병원이 하나도 없다는 자리를 소개받아 찾아갔다. 평화로가 시작되는 초입 부근의 작은 마을이었다. 2차선 도로에 벚나무가 줄지어 서 있고, 초등학교 맞은편 건물 2층에 50평이 될까 말까 한 작은 공간이었다. 조용하기만 한 작은 마을 한복판에서 주변을 살펴본 나는 '괜찮을까?'를 속으로 수없이 되뇌었다. 이 마을에 개원한다면 나는 정말 시골 의사로서의 여유를 조금은 누릴 수 있겠다 싶었다.

하지만 너무 한적한 분위기에 나는 소심해졌다. 내가 개원을 하면 약국을 하겠다고 같이 알아보던 약사 친구는 조금만 포기하면 아주 무난한 자리라는 평을 내놓았다. 나보다 현실 계산이 능한 친구니 그럴 만한 자리라고 판단할 수밖에 없었다. 벚꽃이 떨어진 지 조금 지나 슬슬 더워지고 있었다. 나는 아직은 시간이 있다는 생각으로 판단을 미루었다. 생각해 보니 나는 모순덩어리였다. 경쟁이 싫고 생존에 자신이 없어 시내를 피해 외곽을 알아보다가 괜찮은 자리를 찾았는데, 나는 이 자리가 괜찮을까를 다시 고민하고 있으니 말이다.

나는 다시 생각해야만 했다. 우선, 되도록 경쟁을 피하고 싶었다. 그리고 내가 할 수 있는 일을 되돌아보아야 했다. 나는 대장항문외과 전문의라는 타이틀을 버려야 했지만, 내과, 외과, 소아과, 정형외과 등의 가장 기본적이고 일반적인 진료가 가능했다. 국가 검진 사업에도 참여할 수 있었고 그에 필요한 복부 초음파와 위대장 내시경도 할 수 있었다. 이것들을 모두 충족시킬 수는 없을까? 확실한 것은 내가 돌아본 한적한 마을에서는 불가능했다. 사람들은 국가 검진을 받더라도 시골의 작은 진료실보다는 차를 타고 나가 시내의 깔끔하고 쾌적한 병원에서 만족스럽게 받는 것을 선호한다. 동시에 내가 원하는 것을 전부 해 보겠다는 다짐은, 장소에 관계없이 욕심이 과한 일이었다. 내가 원하는 것과 내가 할 수 있는 일을 정리해야만 했다. 현실은 나를 그러하도록 종용하였다. 그러지 않고서는 경쟁이라는 보편적이고 냉엄한 현실 안으로 뛰어 들어가 어떻게든 버텨내야 했다. 출근길 따스한 봄볕에 나른해진 머리로 결정한 내 앞길은 이제, 내 뒤통수에 얼음물 한 바가지를 쫙 끼얹으며 현실을 좀 직시하라고 다그치고 있었다.

개원 자리를 결정하다

결정적 순간 또는 기회라 할 수 있는 때는 갑자기 찾아왔다.

개원과 개국을 같이 찾고 있던 약사 친구에게서 갑자기 연락이 왔다. 시내에서 멀지 않은 동쪽 중산간 대로변에 자리가 있다고 말이다. 귀가 솔깃했다. 설명을 들은 자리는 예전부터 관심을 가지던 위치였는데, 이미 의원이 있었다. 자리는 좋지만 동네 규모를 따지면 둘 이상의 의원이 공존하기 어려운 곳이었다. 결론부터 말하자면, 나는 지금 그 동네에 개원하여 자리를 잡아 가는 중이다.

친구의 말인즉, 오래전부터 동네 전담 의원이나 다름없던 그 의원이 갑자기 이전했다는 것이다. 얼른 가 보니, 그 의원이 있던 일층 건물에 큼직한 글씨로 '임대 문의' 현수막이 걸려 있었다. '아, 이건 기회구나!' 싶었다. 약사 친구의 이야기는 계속 이어졌다. 기존 의원은 임대료 상승 문제로 건물주와 마찰이 생겨 결국 동네 아래쪽으로 이전하게 되었단다. 그리고 약사 친구 특유의 친밀감으로 동네 사람들에게 알아보니, 더 좋은 자리가 부근에 있다는 것이다. 기존 의원 자리에서 큰길 따라 시내 방향으로 100여 미터 떨어진 건물 2층에 널찍한 공간이 있다는 것이었다. 얼른 쫓아가 살폈다. 기존에 연회장으로 쓰던 자리라 공간이 아주 넓었다. 게다가 건물주가 시각장애인이라 장애인 친화적으로 설계가 되어 있고, 3층 건물이지만 넓은 엘리베이터도 있었다. 아, 이건 좀 탐이 나는 자리와 공간이다 싶었다. 배리어 프리(barrier free) 개념을 도입해서 지은 건물 특성도 병원 운영에 아주 유용했다. 이 정도 공간이라면, 내가 하고 싶은 진료를 충분히 하고도 남겠다는 생각이 들었다. 문제라면 동네의 규모인데, 일정 반경 내 인구수가 지인들이 조언해 준 수에 비하면 한참 적다는 것이었다. 하지만 위치가 나쁘지 않고, 건물 인프라와 넉넉한 공간이 마음에 들어 나는 긍정적인 마음이 되었다. 더구나 1층에서 식당을 운영 중인 건물주가 폐업을 생각하고 임대를 할 생각이어서 약국이 들어서기에 최적이었다.

여름이 시작되고 있었다. 아니, 요즘 같은 기후 변화의 시대엔 이미 여름이었다. 내년 개원을 고려하면 시간은 좀 남아 있었다. 하지만 알아본 자리에 대한 욕심이 생기니 여유는 불안을 낳을 뿐이었다. 나는 약사 친구와 함께 며칠 후 건물주를 만나 이야기를 나누었고, 얼마간 생각할 시간을 가진 뒤, 바로 계약을 맺었다. 아직 서귀포로 출퇴근 중이었고, 때는 한여름으로 아침부터 무더위가 기승을 부리던 날이었다. 양해를 구하고 건물 계약 기간의 시작을 연말로 합의했다. 서귀포 병원 진료도 해를 채우고 마무리를 해야 했다.

코로나19 팬데믹이 여전히 맹위를 떨치던 때였다. 마스크는 마치 속옷처럼, 없으면 민망한 날들이었다. 국경은 막혔고, 제주에는 아쉬운 대로 여행을 즐기려는 여행객들이 넘쳤다. 나는 서귀포 진료를 마치면 잠시 쉬면서 해외에서 적어도 한 달 살기를 해 보고 싶었다. 육지에도 여유롭게 다녀오고, 한 번도 가 보지 못한 유럽에도 가 보려 했다. 그런데 모든 게 물거품이 되어 버렸다. 코로나19 팬데믹도 그렇지만, 계약서에 도장을 찍는 순간 앞으로 해야 할 일들이 순차적으로 차곡차곡 머릿속에서 나열되기 시작했다. 그 정렬 안에 여유나 쉼이란 존재하지 않았다. 순간, 좋은 자리를 너무 빨리 찾아버린 약사 친구가 살짝 원망스러워졌다. 인생은 뜻대로 되지 않는다는 진리도 다시

금 뼈저리게 다가왔다. 도장을 찍는 순간 거대한 파도처럼 몰아닥치는 일들이 구체적으로 그려지지 않으면서도 압도하며 우악스럽게 나를 덮쳤다. 현실은 계속해서 내 뒤통수에 찬물을 좍좍 끼얹고 있었다.

문득 이런 생각도 들었다. 내가 수고해서 병원 자리를 알아보고 내 돈을 들여 병원을 차리지만, 진료비는 대부분 건강 보험 수가라는 이름으로 국가의 통제를 받으며 진료를 해야 한다. 우리나라는 당연지정제라는 제도하에, 병원을 차리면 강제적으로 국민 건강 보험에 귀속되어 수가 통제를 받는 구조이다. 그렇다면 내가 애써 병원 자리를 찾고 병원을 준비한 수고에 대해서 국가는 어떤 보상을 해 주는가 살펴보았다. 아무것도 없다. 그저 개원을 하고 싶은 의사 개인의 욕구 충족으로 치부될 뿐이다.

또 하나는, 병원이 자본과 시장 논리에 따라 좋은 위치와 인구 밀집도를 따져 가며 특정 자리에 몰리도록 두는 게 옳은 일인가 하는 생각이다. 의료가 국가 주도의 기본 정책이라면, 시장 논리보다는 정책의 효율 논리에 따라 설정되어야 한다. 그렇다면 병원의 위치 문제도 한 자리에 난립하여 우후죽순처럼 생기는 현상은 일어나지 않을 것이다. 인구 밀도보다는 접근성을 고려해서, 마을마다 보건소나 보건지소가 있듯이, 합리적 위치 안배를 하는 것이 옳다. 예를 들어, 독일은 일정 지역 공간 내에 개설할 수 있는 병원의 수를 제한한다. 요즘엔 많은 이들이 차를 타고 다니거나 좋아진 대중 교통 시스템으로, 접근성의 문제는 상대적으로 사소한 문제가 되었다 말할 수 있다. 하지만 정말 아픈 사람들은 차가 없거나, 이동 수단을 이용하는 데 상당한 어려움을 겪는 사람들이다. 의료는 일반적인 사람들의 유동성보다는 정말 아프고 경제적으로 어려운 이들을 먼저 고려해야 한다.

어쨌든 나는 현실 안에서 개원을 다짐했고, 시장 논리로 마음에 드는 위치와 내가 할 수 있는 진료가 가능한 공간을 계약했다. 쉼이란 존재하지 않았다. 이제 나는 본격적으로 서귀포에서의 진료를 정리해야 한다. 인테리어 업체를 알아보고 어떻게 공간을 분할하고 꾸미며, 언제 공사를 시작할지 상의해야 한다. 내 수중의 자금은 얼마인지를 다시 살피고 필요하면(이라기보다는 반드시) 대출을 알아보아야 한다. 하나하나가 큼직한 덩어리로 나를 덮쳐 짓눌렀다. 어쩌겠는가, 내가 내 의지로 시작하고 진행하는 일인 것을……

개원 준비, 자본의 지출

개원 예상 시점을 3월로 잡으니, 계약 이후 대략 6개월의 시간이 주어졌다. '시간이 주어졌다'라는 표현은 대개 두 가지 의미를 지닌다. 쉬거나 준비하거나……. 내게는 후자의 의미였다. 그런데 쉼과 준비가 적절히 어우러질 수도 있는 것 아닌가. 내 경우엔 이상하게도 어우러질 수 없었다. 그냥 바쁘게 준비만 하는 시간이었다.

서귀포 진료를 이어 가면서 연말까지의 진료를 마무리하고 지분을 회수해야 했다. 지분 회수 규모에 따라 개원 자금 계획도 조정될 수 있었다. 우선 주어진 공간을 어떻게 활용할 것인가 구상하고, 이를 실현해 줄 인테리어 업체를 선정해야 했다.

일차로, 봉직의와 공동 원장을 하면서 모은 돈 대부분을 인테리어 공사에 투입해야 했다.

공간은 제주시와 표선을 잇는 번영로 변에 위치했다. 도로 쪽 창 밖으로는 멀리 북동쪽의 바다가, 반대편 작은 창으로는 한라산이 선명하게 보였다. 마음에 들었다. 넓은 공간도 공간이지만, 바다와 산을 보면서 일할 수 있다는 점은 제주살이의 장점 중 하나다. 바다를 보면서 진료를 할까 아니면 산을 보며 진료할까 고민하는 일은 제주 사는 축복이다. 나는 단연 바다를 선택했다. 차가 많이 다니는 대로변이라 좀 시끄럽지만, 내게는 산보다는 바다였다. 흐린 하늘빛 바다색은 종종 거칠어지며 어둡게 변하기도 하지만 나는 물을 보면 마음이 차분해졌다. 한라산이 보이는 자리에는 내시경실을 배치하기로 했다.

일부러 어둡게 설정한 내시경실에서 길고 작은 창을 통해 바라보는 한라산은 마치 어두운 테두리 액자 속 밝고 선명한 작품 사진 같은 느낌을 준다. 일단 진료실과 내시경실 위치를 고정한 다음 공간 구성 작업에 나섰다.

진료에서는 외과의 정체성을 상당 부분 포기해야 했다. 수술하는 과들이 개원을 하는 경우, 전문병원이나 수술 전문을 내세우며 외과의 정체성을 유지하기도 한다. 하지만 내가 생각하는 여러 진료 분야를 소화해 내려면, 일반의로서의 정체성이 더 중요했다. 물론 종합병원에서 외과 과장을 그만두고 개원함으로써 받아들여야만 했던 현실이었고, 그 현실에서 7년 이상 오랜 시간을 적응해 왔다. 그렇게 적응한 시간은 그만큼 외과 의로서 칼을 놓고 있었다는 의미이기도 했다. 전문의를 내려놓는 일은 아무렇지 않을 일이기도 하고, 이제는 그래야만 하는 일이기도 했다. 따라서 나는 외과 전문의가 아닌 일반의의 위치에서 내 병원을 구상했다. 일반의의 입장에서 내가 할 수 있는 진료는 내과, 외과, 소아과, 정형외과, 피부과 등의 전반적이고 보편적인 수준의 진료였다. 이를 바탕으로 기본 진료와 간단 처치, 물리 치료, 국가 검진을 구상했다. 따라서 병원에는 진료실과 내시경실 외에 처치실, 주사실, 물리 치료실, 방사선실과 수액실이 갖춰져야 했다. 인테리어 구상은 이들을 어디에 어떤 크기로 배치하는가 하는 머리싸움이었다.

인테리어 업체를 알아보면서, 인테리어의 마무리를 12월 말로 잡았다. 인테리어 마무리와 개원까지의 두 달여의 시간, 다소 길긴 하지만 준비 과정에 여유를 주고 싶었기 때문이다. 나중에 이야기하겠지만, 이 역시 현실감 떨어지는 나의 바람일 뿐이었다. 오전이면 알아본 인테리어 업체 관계자들과 미팅을 하고 공사 예정 공간을 같이 둘러보다가 서둘러 서귀포로 출근하는 나날이 이어졌다. 업체들은 내가 구상하는 공간 계획을

든고 저마다의 도면을 작성해서 보여 주었다. 구상의 큰 틀은 내가 결정하지만 의사와 의료 인력과 환자들의 동선에 따른 공간 배치는 인테리어 업체가 훌륭하게 구현해 왔다. 업체들마다 저마다의 구상으로 도면을 작성했고, 그에 따라 견적도 제각각이었다. 마음에 드는 하나를 결정하는 것은 정말 어려운 일이었다. 업체를 소개받고, 소개받은 업체마다 문의를 넣었고, 문의에 따라 도면과 견적이 제시되었고, 나는 어려움 속에서 선택지를 하나하나 압축해 나갔다. 그리고 최종 선택을 한 업체와 계약을 맺고, 일정을 상의했다. 인테리어는 약 한 달 반의 시간이 소요된다 했고, 나는 마무리를 12월 말로 주문했다. 일정상 어려운 일은 아니었다.

계약과 동시에 통장의 자금이 뭉텅이로 빠져나갔다. 순간 나는 임금을 받고, 소소하게 돈을 모으고, 소소한 소비로 살아가는 삶이 끝났음을 직감했다. 이제는 자본을 굴려야 하는 입장이고, 그 일은 결코 소소한 일이 아님을 조금씩 실감하기 시작했다. 나의 소시민적 성향과는 달리 경제 활동은 절대 소시민적일 수 없게 되었다. 초기 계약금이 나간 후, 앞으로 몇 차례 지출될 중간 공사 자금 그리고 연말이 되면 지급해야 할 임대료가 선명하게 그려졌다. 그것이 통장에 남은 자금과 대조되었다. 몇천 원, 몇만 원의 소비에 손이 멈칫하던 예전의 내 모습이 잘 그려지지 않았다. 내가 정말 이제껏 경험해 보지 못한 새로운 세상으로 발을 들이는구나……. 살짝 두려워졌다.

다소 더운 가을이었다. 계약한 업체와 공사를 시작하기 전까지 도면 수정 작업을 계속했다. 종이에 그려진 공간은 입체와 크기가 쉽게 감이 오지 않았다. 각각의 공간이 모두 넉넉할 거라는, 병원 인테리어 경험이 풍부한 업체의 설명을 믿을 수밖에 없었다. 업체와 미팅 후 출근하던 일상은, 계약한 업체와 회의를 하다가 출근하는 일상으로 바뀌었다. 또는 9시 퇴근 후 늦은 시간 서귀포에서 제주로 넘어와 인테리어 사무실로 들러 간단한 상의를 나누기도 했다. 진료를 하다가도 도면 수정 등의 일이 생기면 종종 통화나 자료를 주고받으면서 상의해야 했다. 일상은 이렇게 복잡한 머리와 분주함으로 변해 가고 있었다.

이뿐이 아니었다. 필요한 장비들을 알아보고 전체적인 견적도 뽑아야 했다. 이 역시 중개업체를 통해 알아보아야 하는 일이었다. 장비 구상은 우선 검진을 위한 내시경, 방사선 촬영기, 골밀도 검사기, 초음파 기기, 충격파 기기가 제일 큰 덩어리였고, 그 외 소독기, 이비인후과 기본 장비, 소변 검사 기기, 심전도 폐기능 검사기 및 물리 치료 일반기기 들이었다. 장비나 기기 들도 자잘하고 다양해서 따로 정리하지 않으면 안 되었는데, 중개업체마다 모델과 견적이 다양해서 쉽게 선택하기 어려웠다. 문제는 대출까지 포함한 가능한 자금 안에서 해결해야 하니, 내가 원하는 좋은 장비만을 무조건 고집할 수 없다는 점이었다. 결국 장비마다의 효율과 합리를 따져 가며 선택해야 했고, 중개업체도 그런 내 고민을 잘 이해해 주고 쉽게 설명해 주는 업체를 선정하였다. 장비 관리와 병원 물품 세팅과 소모품 공급에 있어 중개업체 선정은 중요한 일이기도 했다. 그리고 선정에 따라 설정된 견적은 그대로 대출받아야 할 자금이 되었다. 순차적인 결정은 끝이 아닌 다음 작업의 시작이었다. 인테리어가 결정되니 장비와 기기 업체를 결정해야 했고, 장비가 결정되니 그 견적만큼 대출을 받기 위해 은행을 찾아야 했다. 처음 경험해 보는 규모의 자금을 빚지기 위해 은행에 들어선 나는, 대출 결정이 난 것도 아닌데 발에 무거운 족쇄를 달고 다니는 기분이었다. 그리고 6개월의 시간이 여유 있을 거란 과거의 나를 때려 주고 싶었다. 정신없이 어딘가를 다니거나 누군가를 만나다가 출근하거나, 개원 준비에 관한 고민으로 복잡한 머리와 해야 할 일들을 정리하면서도 진료는 단단한 일상처럼 차질 없이 진행해 나가야 하는 하루하루가 휙휙 지나가는 가을날이었다.

개원의, 자본가가 되다

인테리어 공사가 시작되는 시점에 필요한 의료 장비 목록은 정리가 되어 있어야 했다. 장비 업체와 모델까지 정리가 되면 더욱 좋았다. 물론 모든 장비가 반드시 공사 시작 시점에 결정될 필요는 없지만, 미리 결정해 두면 장비 배치에 따라 시공을 적절하게 진행해 나갈 수 있기 때문이다. 예를 들어 방사선 촬영기의 경우, 모델의 크기와 소모 전력 그리고 공간에 필요한 부수적 구조물 등을 미리 알아야 인테리어 시공에 참고하여 공사를 진행할 수 있다. 뒤늦게 모델이 결정되면 크기와 배치, 장비 구성에 따라 다시 공사를 해야 하는 상황이 발생할 수 있기 때문이다. 배리어 프리(barrier free) 개념을 최대한 적용하여 넉넉하게 공간과 동선 이동을 할 수 있게 했지만, 뒤늦게 결정하면 출입구 등에 장비가 걸려 난감한 상황이 발생할 수도 있었다.

장비가 결정되었다는 것은 견적 역시 결정되었다는 의미였고, 견적 그대로 대출의 규모가 되었다. 가진 자금의 거의 전부가 인테리어 공사비로 들어가는 상황에서 장비 구입비는 대출로 해결해야 했다. 인테리어 공사는 시작되었고, 나는 머릿속으로 가늠한 견적으로 은행에 대출을 신청했다. 그러나 바로 새로운 난관을 만났다. 이제까지 의사는 보통 개원을 한다고 하면 은행 대출이 비교적 쉬웠다. 하지만 내가 은행을 찾은 2021년 말은 대출 규제가 심해지면서, 대출의 규모나 이자율이 상당히 불리한 상황이었다. 심사를 마친 은행이 제시한 대출금은 내가 바라는 규모의 반을 조금 넘길 뿐이었다.

내가 하고 싶은 진료가 구상되고 이에 따라 설계된 인테리어 공사가 막 시작된 시점에서 장비를 줄여 공간을 놀리거나 공간 구성을 축소해서 다시 설계를 수정할 수도 없었다. 결국 은행의 조언에 따라, 신용보증기금에서 추가 대출 승인을 받아 필요한 액수를 채우는 방법밖에 없었다. 신용보증기금에 가서 상담하고 승인받는 과정 역시 마냥 수월하지는 않았다. 나는 내가 얼마의 대출을 받아야 하는지, 받은 대출로 무엇을 하려 하

휠체어 등의 활동보조기구가 자유롭게 다닐 수 있도록 배리어 프리 개념을 최대한 적용한 내부
인테리어

는지, 사업 계획은 어떻게 세우고 있는지 등, 나를 증명하고 설명하는 자료를 소설 쓰듯 작성하여 신용보증기금에 제출하고 심사를 받아야 했다.

최종 대출은 인테리어 공사가 거의 마무리되고, 의료 장비 일부가 설치되거나 병원에 입고된 이후, 신용보증기금 직원이 직접 실사를 다녀간 후에 승인되었다. 다행히 내가 원하는 액수만큼 대출을 받을 수 있었다. 통장에 갑자기 억 단위의 숫자가 찍혔다. 예전에는 벌어들인 수입을 아내가 관리하고 나는 용돈을 받아 생활했기에 통장에 찍힌 숫자는 많아야 백만 원 단위였다. 그러다 내가 직접 자금을 관리해야 하는 입장이 되어 대출금이 들어온 통장을 보니 매우 생소한 느낌이었다. 숫자가 이렇게 길 수도 있구나 하는 생각도 들었다. 그런데 마음이 풍족해지거나 기분이 좋아지거나 하지 않았다. 그냥 부담이었다. 이 숫자들이 며칠 후에는 순식간에 사라지며 만질 수 있는 물건들로 바뀌겠지 하는 생각, 그저 빚이라는 생각뿐이었다. 이자율을 보니 한숨부터 나오는데, 대출은 언제 갚고 이자는 어떻게 갚나 싶은 생각만 들었다. 돈이 많아진다는 것, 즉 통장에 찍힌 숫자가 늘어난다는 것은 사업을 시작하는 시점에서는 그다지 기쁜 일은 아니었다. 다소 안정감은 들 수 있어도 말이다.

자본주의 사회에서 수중에 돈을 쥔 사람은 크게 두 부류이다. 자산가와 자본가. 자산가는 벌어들인 돈을 수중에 넣고 벌이는 일이 거의 없이, 가진 돈으로 먹고사는 사람들이다. 당연히 자산 또는 재산이라고 부를 돈의 양이 어마어마할 것이다. 자산의 규모를 유지할 수단 정도만으로 삶을 살아갈 것이다.

자본가는 다르다. 자본가는 자본을 굴려야 한다. 자본은 증식한다. 그리고 자본의 증식은 자본가를 통해서 이루어진다. 자본주의가 유지되는 가장 기초적인 생리이자 자본의 기본적 속성이다. 수중에 아무리 돈이 많아도, 그것은 증식을 위한 자본으로써 기능할 뿐이다. 물론, 증식한 자본에서 나오는 이윤의 일부로 먹고사는 일을 유지한다. 하지만 자산가처럼 여유롭지 않다. 자신의 시간과 노력, 증식한 자본을 다시 시스템 안으로 밀어 넣고 자본을 증식시킨다. 자본가의 삶은, 자의와 상관없이 자본을 증식시키는 구조적 순환 속에서 소모된다. 우리는 흔히 자본주의의 주인은 자본가라고 생각한다. 그리고 자본가는 노동자를 착취하여 제가 먹고살 이윤을 뽑아낸다고 이해한다. 따라서 자본가는 자본주의의 상위 지점에 존재하며, 구조의 이득과 장점을 누리며 안락을 누린다고 생각한다. 자본주의에 대한 이러한 오해는 너무도 흔하고 보편적이어서, 다시 생각해 볼 여지조차 접하지 못한다. 마르크스는 자본론에서 분명하게 이야기한다. 자본주의의 진정한 주인은 자본이라고 말이다. 자본

아래서 자본가와 노동자는 자본 증식을 위한 노예일 뿐이다. 노동자는 자본가에 의해 착취당한다는 말은 맞는 말이지만, 자본가는 의식을 지닌 자본으로써 자본 증식의 주체이자 수단으로 기능한다는 사실을 직시해야 한다.

내 통장에 갑자기 불어난 숫자에 즐겁지 않은 이유이기도 하다. 나는 이제 자본가로서 기능해야 한다. 따라서 통장에 찍힌 숫자는, 자본가가 된 내가 앞으로 증식시켜야 할 씨자본인 셈이다. 내가 앞으로 병원을 경영하면서 성공하느냐 실패하느냐는, 방금 내 손에 쥔 씨자본을 얼마나 증식시키느냐 또는 까먹고 마느냐에 달렸다. 은행에서 빌린 돈이니 이자와 함께 원금을 조금씩 갚고, 내가 고용한 직원들에게 임금을 지불하면서, 얼마만큼의 이윤을 만들어 얼마나 빠르게 자본을 증식시켜 가느냐가, 자본가로서 내가 얼마나 성공하고 있는가 하는 객관적 지표가 될 것이다. 그러니 나는 앞으로 매우 분주해질 수밖에 없고, 수많은 것을 신경 쓰지 않으면 안 되는 처지로 전락하는 것이다.

이제까지 내가 나름 노동자의 입장에서 삶을 살았다면, 이와 비교해 앞으로의 삶은 매우 팍팍해질 것이다. 여유로운 삶을 추구하는 내 성정으로는 더욱 긴장되는 미래이다. 추락하는 행복도와 만족도를 애써 붙잡고 버텨야 하는 앞으로의 삶이 늘어난 통장 잔고와 겹쳐지며 어렵지 않게 그려졌다. 자본주의 사회의 자본은, 이렇게 뭣 모르고 뛰어든 철없는 이상주의자에게도 어김없이 자본가의 가면을 덧씌워 그 역할을 충실하게 해 나가도록 강제하고 있었다. 병원을 준비하는 과정은 절대 의사의 정체성이 관여하지 않는다. 의사의 정체성은 내가 어떤 진료를 하고, 이를 위해 어떻게 준비해야 하는가에 적용될 뿐이다. 행정 시스템 역시 어떠한 도움도 주지 않는다. 개원에 필요한 요건과 절차를 요구할 뿐이다. 의료는 국가 필수 시스템이지만, 병원을 준비하는 과정의 의사는 그와는 상관없이 철저하게 자본가가 되어야 한다. 의사의 정체성을 가진 자본가가 되어, 병원을 경영하며 어떻게 하면 자본을 잘 굴릴 수 있을까 하는 고민에 집중할 수밖에 없다. 여러 국가 의료 보건 사업의 위탁 의료 기관으로서 병원의 사회적 기능은 나중에나 생각할 일이다. 자본을 잘 굴려 증식시킬 생각을 하지 않으면, 병원은 기본적인 기능조차 작동이 불가능해진다. 개원을 준비하는 나는 지금, 철저한 자본가의 정체성으로 고민과 판단을 이어 가야만 했다.

공동 원장, 자본가로서의 첫 경험

개원을 준비하는 과정이 자본가가 되어 가는 첫 경험은 아니었다. 나는 이미 자본가의 경험이 있었다. 서귀포에서 6년 6개월 동안 진료를 이어 나가는 기간의 후반 2년 2개월 정도는 공동 원장으로 자본가의 위치에 있었다.

4년을 넘기는 기간은 봉직의로 있었다. 직함도 부원장이었다. 나는 주어진 시간에 진료를 하고, 매월 고정된 임금을 제때 받기만 하면 되는 입장이었다. 지금 생각해 보면 그 시절이 내게 얼마나 속 편하고 여유로운 날들이었나 싶다. 가끔은 그립기까지 하다. 경쟁이나 욕심을 부리는 일에 익숙하지 않은 내 성정에 딱 어울리기도 했다. 나는 의사라는 전문직이기도 했지만 나름 노동자의 입장이기도 했다. 전문직인 의사가 노동자라고 말하면 듣는 사람들은 일반적으로 어색하게 받아들인다. 임금을 받고 일한다는 의미에서 노동자 의사였던 나는, 굳이 복잡하고 다양한 것들을 신경 쓰지 않아도 된다는 점에서 내 정체성은 고요히 안주할 수 있었다.

그러다 공동 원장으로 선배 한 분이 들어오고, 나 역시 지속적인 권유를 받아 결국 지분을 넣고 공동 원장이 되어 3인의 공동 원장 체제의 병원이 되었다. 공동 원장이 되는 데엔 구체적인 계획이나 고민이 있었던 것은 아니었다. 단지 수익이 좀 더 늘 수 있다는 점과 병원이 커지면 내 역할을 더 주체적으로 할 수 있지 않을까 하는 생각뿐이었다. 순진하게 시작한 공동 원장 자리는 수익을 좀 늘릴 수 있었지만, 외과의로서의 주체성을 살리는 일에는 나의 소심함과 코로나19 팬데믹을 만나 실패하게 된다.

지분을 넣고 공동 원장이 되었음은 내가 노동자 입장에서 자본가가 되었다는 사실을 의미했다. 하지만 나는 그런 입장의 변화를 잘 느끼지 못했다. 그저 지분을 넣고 직함이 바뀐 것일 뿐 예전의 일을 계속 하는 의사였다. 임금을 받으며 일하던 시절의 정체성은 지분을 넣었다고 쉽게 변하지 않았다. 이윤을 창출해야 하는 자본가로서의 노력은 쉽게 발산되지 않았다. 나는 그저 이전처럼 주어진 업무량만큼의 일을 해 나갔고, 환자에게 이것저것 권유하는 일에 여전히 서툴렀다. 이윤을 창출해야 한다면, 목과 어깻죽지가 아픈 환자에게 단순한 물리 치료보다는 신경차단술을 받게 해서 수익을 올려야 하고, 급성 상기도염으로 힘들어 하는 환자에게 고용량 비타민 수액 요법을 적극적으로 권유해야 했다. 하지만 나는 봉직의 때나 공동 원장으로 자본가가 된 이후에도 적극적인 치료를 권하지 못했다. 다행인 것은 환자가 꽤 많은 병원이라 내가 이전처럼 진료를 해도 내가 창출하는 수익은 어느 정도 유지되었다는 점이다. 그리고 일부 환자들은 이런저런 치료를 권하며 귀찮게 대하지 않는 내 진료 스타일을 더 좋아하기도 했다. 나는 여전히 자본가로서의 정체성을 의식하지도 못했고 상기하지도 않았다. 자본주의 사회에서 경제적 주체로서 입장 변화가 무엇을 의미하는지, 전혀 알아차리지 못하는 나날들이 흘렀다.

그러던 어느 날, 대표 원장에게서 한소리가 날아들었다.

"넌 대체 언제까지 봉직의처럼 일할 거냐?"

순간 머리가 둔탁하게 울리는 기분이 들었다. 곰곰이 생각해 보니 나는 봉직의가 아닌 공동 원장이었다. 나는 나대로 수익 창출을 위해 노력해야 했고, 병원 제반 운영에 대해 관여하고 건의하거나 지시를 내려야 하는 입장이었던 것이다. 그러니까 자본가의 마인드를 요구당한 것인데, 한편으론 그런 타박을 듣기엔 억울한 점이 없지 않았다. 첫째로, 대표 원장은 공동 원장들에게 병원 운영에 관한 구체적인 수익과 지출 내역을 알려 준 적이 없었다. 병원을 유지하는 데 필요한 지출이 어디에서 어떻게 발생하는지 전혀 알지 못했다. 그래서 나는 역으로 따졌다. 운영을 하려면 수익과 지출 내역을 정확하게 알아야 하는 데 알려 준 적이 없다고……. 그랬더니 조금 지나 공동 원장을 시작한 이후 지금까지 사용한 사업자 카드 지출 내역서가 날아왔다. 그것으로 병원 운영비가 어떻게 지출되는지 알아서 보라는 의미였다. 물론 그런 내역서를 구체적으로 들여다본 경험이 없는 내가 지출 내역을 보고 쉽게 이해가 될 리 없었다.

둘째로는, 병원 사업에 시작 단계부터 관여하지 않은 채 중간에 지분만 넣은 입장에서는 병원 운영이 깊이 체감되지 않았다. 더구나 오랜 시간을 봉직의로 일해 온 입장에서 이제 경영자가 되었다고 이것저것 참견하는 일도 직원들 앞에서 민망했다. 자본을 다루는 자본가이지만, 처음부터 몸과 마음을 다해 준비한 입장이 아니라면 중간에 끼어드는 일은 어색할 수밖에 없는 일이었다. 물론 어설픈 내 성정이 그런 걸 잘 못해서 그런 것일지도 모른다.

진료를 마친 늦은 밤, 정기적으로 모여 그간의 수익을 계산하고 얼마의 이윤이 남았으며 그것을 어떻게 분배하는가에 대한 회의를 열었다. 수익과 지출 전반을 관장하는 대표 원장의 계산에 우리는 그저 고개를 끄덕일 수밖에 없었다. 눈에 잘 들어오거나 머릿속에서 착착 계산되거나 하지 않았다. 실제 수익과 지출을 잘 알 수 없으니 더욱 그러했다. 분명한 것은 분배는 공정해 보였고, 수익은 봉직의 시절보다 늘었다는 사실 정도였다.

더 많은 것을 이야기하기엔 너무 복잡하고 그다지 즐거운 내용도 아니다. 세상 거의 모든 동업이 그러겠지만, 의사들 사이에서는 대개 동업을 해서 좋게 마무리되는 경우를 거의 보지 못한다는 말이 있다. 실제 그러하고 나도 그러했다. 그런데도 의사들은 삼삼오오 모여 동업 형태로 병원을 키우는 모습을 많이 본다. 짧았던 공동 원장의 경험으로 이제는 그런 모습이 마냥 좋게만 보이지 않는다. 정확하게 2년 2개월의 기간이었다. 나는 자의와 상관없이, 아둔한 현실 감각으로, 자본가로서의 경험을 치렀다. 자본가가 되면 수익 규모에 따라 엄청난 세금을 내야 한다는 사실을 깨달았고, 어떻게 해야 세금을 절약할 수 있는지에 대해 약간의 감을 익힐 수 있었다. 그 정도가 입장이 바뀌며 나름의 깊은 인상으로 새겨진 경험이었다.

그리고 내가 이렇게나마 과거의 경험을 회상할 수 있는 이유는, 개원을 준비하며 자본을 어떻게 다루고 경영을 어떻게 해야 하는가를 몸으로 직접 깨달으며 생각과 감각이 형성되었기 때문이다. 잘 모르고 지나온 과거의 일들이, 개원을 준비하고 자본가로서의 입장을 서서히 갖추어 가며 깨달음으로 다가왔다. 개원은 필요한 자본의 규모를 계산하고 그만큼 대출을 받으며 부담과 압박을 실질적으로 느끼는 일이었다. 인테리어를 구상하고 공사 과정을 지켜보며, 장비들이 들어오고 자리 잡는 과정을 감독해야 하는 일이었다. 임대료 지출과 병원 관리 비용을 세세하게 계산하고, 고용한 직원들의 임금과 노동을 철저하게 관리해야 하는 일이었다. 그런 과정을 건너뛴 채 중간에 끼어들어 자본가 행세를 하는 일은, 남이 다 차린 밥상에 숟가락 하나 얹어 자리를 차지하는 일이었다. 그것도 밥이나 반찬을 만들 줄도 모르는 채로 말이다.

아, 그때 그래서 내가 그랬구나……. 어째서 지분을 넣은 시점에 임대료, 세무 및 노무 비용, 고정 지출 내역 등에 대한 자료를 받거나 검토하지 않았을까 하는 후회가 생겼다. 동업에서 빠져나오며 지분 정산 과정에서 분쟁이 발생했다. 그 과정에서 변호사에게 상담도 받아 가며 해결하려 노력했지만, 어느 정도의 손해를 감수할 수밖에 없었다. 이 과정에서 계약서는 반드시 내용을 법적으로 보증할 수 있는 제3자의 입회하에 작성해야 함을 뼈아프게 배웠다. 공동 원장들 각자에 지워진 임대료

나 지출 설정은 어떻게 이루어졌는지 구체적인 설명도 들어야
했다. 그리고 직원들 급여 설정과 지출에 대한 구체적인 내역
도 알아야만 했다. 내가 자본가로서의 첫 경험이 매우 어설펐
던 이유는 이런 뒤늦은 깨달음 안에 있었다.

개원의, 자본 활동에 제약받는 자본가

대출받은 비용은 대부분 의료 장비와 병원 내 필요한 물품을 구입하는 데 사용했다. 인테리어가 마무리되고, 구상했던 공간이 실제로 구현된 자리에 나는 필요한 물품들을 채워 나갔다. 방사선실은 장비 설치에 필요한 구조물들이 먼저 설치되었고, 차폐벽 공사까지 진행되었다. 인테리어가 마무리된 시점에서 방사선실은 장비가 설치 완료되었다. 나머지 공간을 구상에 따라 채워 넣어야 했다.

우선 진료실에는 진료용 책상과 책장이 놓였고, 입 안과 코나 귀를 볼 수 있는 이비인후과 기본 장비가 배치되었다. 처치실에는 초음파 기계와 함께 높낮이가 조절되는 베드가 놓였다.

주사실에는 약품 보관을 위한 수납장과 채혈과 주사를 위한 테이블과 베드가 놓였다. 물리 치료실에는 공간마다 물리 치료 베드와 기구가 놓였고, 견인치료기와 핫팩 수조가 놓였다. 그리고 충격파 치료기가 배치되었다. 내시경실에는 기본적으로 검사를 위한 베드가 두 개에, 내시경 장비, 내시경 세척기와 보관장이 놓였다. 수액실에는 당연히 환자용 넓은 베드가 충분할 만큼 놓였다. 그리고 대기실에는 문진표 작성을 위한 책상과 대기실 의자가 놓였다.

구상은 당연히 원장인 내가 진행했고, 나는 구상에 따라 필요한 물품들을 정리하여 크고 비싼 장비부터 자잘한 소모성 물품까지 일일이 업자들과 상의하여 구입하고 배치했다. 심지어 진료실과 접수처에서 사용할 컴퓨터의 사양까지 직접 알아보고 적당한 용도의 컴퓨터를 주문했다. 주문한 대기실 의자들도 내가 직접 조립했다. 물론 나 혼자는 불가능해서 업자들의 도움을 받았고, 아내의 적극적인 도움과 친한 친구들의 손길이 있었다. 혼자 일하는 것을 좋아하기도 했지만, 중요한 것은 대출부터 장비 구성과 구입 그리고 배치까지 나 스스로 했다는 점이다.

자본론의 관점에서 이야기하면, 나는 생산 수단을 갖춘 것이다. 생산을 진행하려면 도구나 기계, 원료, 토지 등과 노동력이

대기하는 환자를 위한 공간

필요하다. 그중에서 노동력을 뺀 것을 생산 수단이라고 한다. '도구나 기계, 원료'는 내가 구상하고 의뢰한 인테리어와 의료 장비들에 해당한다. '토지'는 내가 병원을 준비하는 공간에 대한 임대료에 해당한다. 모든 공사와 장비 구입과 배치가 마무리된 순간, 나는 생산 수단을 갖춘 자본가가 되었다.

여기까지만 바라보자면 나는 이제 노동력인 의료 인력들을 고용하고 진료라는 생산 활동을 통해 나름의 수익을 올리고 이윤을 창출하면 된다. 아주 간단히 말하자면 말이다. 내가 살고 있는 대한민국은 자본주의 체제의 나라라서 생산 수단 소유자들이 제 이익을 위해 상품을 생산하는 상품 생산 사회이다. 세금만 잘 낸다면 자본가는 규정된 질서 안에서 능력껏 상품을 생산하고 이윤을 거머쥐면 될 일이다.

하지만 대한민국의 의료 시스템은 자본주의 체제 안에 존재하면서도 자본주의 논리를 따르지 않는다. 의사의 생산 활동을 통해 만들어진 상품, 즉 의료 서비스는 자본의 자율적 논리에 의해 가격이 매겨지지 않는다. 건강 보험에서 통제하는 의료 수가에 따라 의료 서비스 가격이 결정된다. 그리고 보편적으로 의료 수가라고 이야기하는 의료 서비스의 가격은 원가 면에서나 해마다 계산되는 물가상승률에 비해 낮은 수준을 유지한다. 따라서 개원을 준비하는 나는 의사이면서 자본가이지만 의사이면서 자본가로서 존중받지 못하는 이상한 입장에 처하게 된다.

사실 의료를 국가 존립의 필수 요소로서 바라본다면, 의료 제도를 국가가 통제하는 것이 논리적으로 맞다. 그리고 병의원의 개설이나 의사 양성 과정에서 국가의 적극적 개입이 필요하다. 의료 서비스는 국가를 구성하는 국민 건강을 위한 필수 서비스이기 때문이다. 그렇다면 국가는 의료 서비스 체계를 갖추는 데 상당 부분 관여를 해야 할 것이다.

하지만 한국에서 의사가 되고, 의사가 되어 병원을 준비하는 일은 온전히 개인의 노력에 의존한다. 나는 의대에 진학해 공부하는 6년 동안 국가의 지원을 받아 본 일이 없다. 인턴 레지던트의 병원 수련 기간에도 국가의 지원은 조금도 없었다. 그리고 내가 개원을 생각하고 병원을 준비하는 데 있어, 앞으로 건강 보험이 정한 수가 통제와 건강 보험 심사평가원(줄여서 '심평원'이라 한다)이 정한 처방 기준을 따라야 함에도 국가는 내가 병원을 준비하는 데 단 한 푼도 지원해 주지 않는다. 오히려 나는 일반 사병의 복무 기간보다 훨씬 긴 38개월이라는 시간을 군의관으로 복무해야 했고, 개원 자금에 대한 대출을 스스로 진행했으며, 이제는 대출금에 대한 이자를 은행에 지불해야 한다. 내가 개원할 당시의 대출이자는 6.2퍼센트로 비교적 높은 수준이었다.

한국에서 개원한 의사는 자본가이면서도 자본가다운 생산 또는 서비스 활동에 제약을 받는다. 자본주의 사회에서 벌어지는 자유로운 자본 활동이 자본주의 국가 한국에서의 의사 자본가에는 허용되지 않는다. 의사들이 체제에 반감 또는 불만을 가지는 근본적인 이유가 이 딜레마 안에 존재한다. 단순하게 말하자면 국가가 준비하고 구성한 체제 안으로 의사들을 귀속시켜 활용하든지, 아니면 스스로 준비해서 시장 논리에 따르는 자유로운 의료 서비스 활동을 하게 해야 할 것인데, 이도 저도 아니기 때문이다.

그래서 개원한 의사들은 수가 통제를 받지 않는 비급여 의료 서비스에 고민하지 않을 수 없다. 비급여 의료 서비스는 의료 공급자의 재량과 경쟁에 따라 가격이 자율적으로 형성되는 특성을 가진다. 수가 통제가 아닌 경쟁을 통해 가격이 형성되긴 하지만 종종 납득하기 어려운 심평원의 처방 기준을 신경 쓰지 않아도 되고, 가격 자체도 의료 수가보다 훨씬 좋기 때문에 개원의들은 비급여 진료를 생각하지 않을 수 없다. 나 역시 이러한 이유로 도수 치료나 충격파 치료, 수액 요법 등의 비급여 진료 구상을 하지 않을 수 없었고, 이에 필요한 장비와 약품 들을 준비했다.

자본주의 사회, 즉 상품 생산 사회에서 생산자는 사회의 필요에 따라 상품을 생산하는 것이 아니라 자신의 이익을 위해 상품을 생산한다. 사회 차원에서는 생산에 대한 계획이나 통제가 없다. 따라서 생산된 상품과 그 수량이 사회의 필요에 부합하는가는 시장을 통해 나중에서야 확인이 가능하다. 한국의 의료 역시 그렇다. 자본가이면서도 자본가의 정체성을 통제당하는 입장이지만, 의료 서비스라는 상품을 어찌 되었든 생산한다. 급여와 비급여, 통제된 생산과 통제되지 않은 생산을 통해 만들어진 의료 서비스라는 상품은, 그 자체로 의사 자본가의 이윤을 의식하지 않을 수 없다. 따라서 의료 서비스 생산 자체도 결국 '사회의 필요에 부합한가?'라는 질문이나 고민에서 상당 부분 비켜날 수밖에 없다. 저마다의 병원이 저마다의 이익을 위해 의료 서비스라는 상품을 생산한다면, 당연히 '사회의 필요'보다 그 이상으로 상품이 생산되지 않을까? 그래서 한국 사회에 사는 우리는 '과잉 진료', '3분 진료', '불친절한 의사'라는 이야기들을 어렵지 않게 들으며 의료 시스템을 바라보고 접한다.

내가 대출까지 받아 가며 준비한 병원의 생산 수단을 바라보면서 드는 생각은 이렇다. '이것들을 어떻게 하면 잘 굴려서 최소한 망하지 않고 병원을 잘 유지할 수 있을까?'이지 '내가 이 장비들을 잘 굴려서 지역 사회의 의료 서비스와 주민 건강에 얼마나 기여할 수 있을까?'가 아니다. 내가 욕심이 많아서 이러는 것이 아니다. 누구라도 당연히 자본주의 사회의 자본가가 되면 할 수밖에 없는 고민일 뿐이다. 한국의 의료 시스템은 의사로 하여금 전자를 고민케 하지 절대로 후자의 고민을 이끌어내지 않는다. 이는 의사로서의 정체성을 혼란하게 만들면서도, 자본가로서의 정체성 역시 이상한 방법으로 뒤흔든다. 어쨌든 나는 일을 벌인 이상 자본주의 사회에서 버티며 살아내야 한다는 생각뿐이다.

신출내기 자본가의 구인 작전

　이제 인력을 구성해야 했다. 병원의 시작은 최소 의사 1인과 간호 인력 1인으로 시작된다. 의사인 나와, 간호사 또는 간호조무사가 있어야 한다. 다행히 아내가 간호조무사 자격증을 오래전 취득하여 시작은 어렵지 않았다. 내가 구상한 병원은 크게 의사, 간호사와 간호조무사의 간호 인력, 방사선사 그리고 물리치료 인력이 필요했다. 방사선 검사는 의사도 자격이 되니, 내가 두 가지 역할을 함으로써 지출을 줄일 생각이었다.

　임금으로 지출되는 비용은 사업하는 사람들에게 제일 신경 쓰이는 부분이다. 특히 사업을 시작하면서, 초기 수입과 지출이 어떻게 형성될지 알 수 없는 상황은 두렵기까지 하다. 이미 투자한 초기 자본의 부담을 안고, 사업이라는 항해가 어떨지 알수 없는 상황에서 가장 부담이 되는 것은 임금이다. 그래서 사업의 시작은 최소한의 인력을 고용하여 사업의 추이를 보면서 인력을 어떻게 합리적으로 구상할 것인지를 고민하게 된다. 건강 검진, 내시경, 일반 진료, 물리 치료 등의 영역을 소화해 내려면, 간호 인력은 최소 세 명이 되어야 했고, 물리 치료 인력은 최소 두 명이 있어야 했다. 아내가 조무사로 시작에 참여하니 간호 인력은 두 명이 필요했다. 그리고 검도 수련을 함께하던 물리 치료사가 때마침 이직을 고민하고 있었다. 더욱이 물리 치료사의 집이 내가 개원하는 동네에 있으니, 그는 다른 병원을 고민하지 않았다. 간호사 한 명은 역시 같이 검도를 수련하는 형님의 사모님이 간호사로 근무했던 경험이 있어, 개원에 필요한 사안을 도와주기로 했다. 그렇게 주변의 두 사람이 개원 멤버에 합류하기로 했다.

의료 인력의 특징은 일단 자격증을 요한다는 데 있다. 간호사, 간호조무사, 물리 치료사, 방사선사 등의 학습과 실습을 거친 뒤 시험에 합격하여 자격증을 취득해야 의료 인력이 될 수 있다. 그리고 병원을 계획 중인 의사 자본가인 나로서는 구성원의 직무에 대한 열의와 숙련도도 중요했다. 구상 단계에서는 간호사 한 명과 조무사 두 명을 생각했다.

하지만 병원의 역할을 곰곰이 생각해 보니, 간호사는 두 명을 배치하는 것이 좋겠다는 생각이 들었다. 의료 현장에 대한 이해와 숙련도가 좀 더 높고, 나 역시 좀 더 높은 책임과 업무력을 요구할 수 있기 때문이었다. 내 또래인 물리 치료사와 간호사인 형수님의 실무 경험과 숙련도는 말할 것 없었다. 나는 이제 간호사 한 명과 물리 치료사 한 명을 고용해야 한다. 이렇게 생각보다 임금 지출이 좀 더 늘었다.

임금을 받는 입장에서 임금을 주는 입장으로의 전환은 상당한 부담으로 다가왔다. 병원을 준비하며 초기 비용으로 온갖 지출을 하고 대출을 받으며 다룬 돈의 규모가 이전과는 비교할 수 없음을 느낀 때와 비슷하였다. 임금을 정하고, 통장에 돈이 있든 없든 간에 매월 정산한 몇 명분의 임금을 각각의 통장에 보내야 하며, 그것과는 별개로 4대 보험료를 국가에 납부해야 한다. 그 규모의 임금 지출을 매달 감당하려면 내가 얼마를 벌어야 하는지 감이 잘 오지 않았다. 개원하면 지역 사회에 공헌하겠다는 작은 다짐 같은 건, 예측되는 지출 앞에서 순식간에 쪼그라들어 흔적조차도 남지 않을 것 같은 작은 모래 알갱이가 되어 버렸다.

임금이란 내가 고용하는 인력이 가진 노동력의 가격이다. 한 인간의 노동력의 가치를 산정하고, 그것을 매달 지불하기로 노동자와 자본가가 서로 계약을 맺는다. 자본가는 생산 수단을 활용하고 운용할 수단으로 다른 사람의 노동력을 구매하는 것이다. 산정된 노동력의 가치대로 노동자와 자본가가 계약을 하면 그것으로 마무리될 듯하지만 꼭 그렇지는 않다. 노동력과 노동은 같은 듯 다르다. 그래서 통상임금이라고 하는 시간당 임금 액수를 산정하고, 공휴일 노동이나 근무시간 외 추가 노동에 대해서는 노동법에 의거해 시간당 임금의 1.5배를 계약된 임금에 추가로 지불해야 한다. 동시에 법적으로 부여된 노동자의 연차에 대해서는 유급이므로 임금을 깎지 않는다. 법적으로 정해진 노동 시간에 대해 계약된 임금 그리고 통상 임금을 바탕으로 산정된 시간당 급여를 적용하는 법정 노동 시간 외 노동에 대한 계산은 매우 엄격하다. 또한 노동력의 가치가 폄하되거나 훼손되지 않도록 최저 임금이라는 법적 한계선을 준수해야 한다.

"이전에 일하시던 병원에서는 어느 정도 받으셨나요?"

정신없이 병원 준비를 하다가 약속한 면접 시간에 부근의 카페로 달려와 마주한 상대에게 인사부터 하고 이력서를 보고 묻는 말이 고작 이러했다. 질문을 받는 사람이 눈치채고 액수를 높게 부를 수도 있음에도 말이다.

"제가 드릴 수 있는 임금은 기본급, 식대, 인센티브로 구성해서 이 정도입니다."

이렇게 말하고는 나는 상대의 눈치를 보았다. 나는 고용하는 입장이지만 마냥 당당할 수만은 없었다. 신출내기 자본가이자 초짜 고용인이었기 때문이다.

나는 나와 일할 의료 인력을 고용하는 입장에서, 그들의 구미에 맞는 임금 조건을 제시해야만 했다. 법이 정해 놓은 최저임금은 말할 것도 없었다. 그들은 대학에서 3년 이상을 공부하고 자격증을 취득한 전문 인력이었다. 물리 치료사 역시 그렇다. 그들의 자격과 경험을 존중하는 수준의 임금을 제시해야만 했다. 내가 사는 지역의 간호사, 조무사 그리고 물리 치료사들의 보편적인 임금을 미리 파악해서, 면접에서 납득할 만한 금액을 제시해야 했다. 물론 쉽지 않았다. 종합병원에서 일하는 간호사나 간호조무사의 임금은 내가 생각하는 임금보다 훨씬 높았다. 종합병원에서 일하고 있는 지인들을 데려오고 싶어 만난 자리에서 나는 그냥 좌절하고 포기해야 했다. 개인 의원에서 일하는 인력들의 임금은 곳곳마다 조금씩 달랐다. 시내에서 일하는 인력들의 임금 수준을 고려하면, 시내에서 조금 떨어진 내 병원에서는 그보다 조금 더 얹어 임금을 제시해야 하나 싶기도 했다. 노동력이란 정해진 가치가 없었다. 속된 말로 표현하자면, 노동력에 대한 시세라는 것이 잘 드러나지 않는 모습으로 형성되어 있었다. 그것을 잘 파악해서 약간의 양념을 가미한 뒤 서로가 만족하는 조건으로 계약을 이끌어 내는 것이, 노동력의 가치 매김을 하는 방식이었다.

나는 개원을 준비 중이다. 이 말은 정돈되지 않은 병원을 같이 만들자는 제안이었다. 면접은 상대방에 대한 파악과 납득할 만한 임금과 근무 조건을 제시하는 작업만이 아니었다. 정돈되지 않은 병원을 새로 갖춰야 한다는 피고용인의 부담과 호언처럼 들릴 수도 있는 고용인의 미래상이 맞닿는 자리였다. 이는 절대적으로 고용인인 나에게 불리한 상황이었고, 따라서 나는 면접 테이블 맞은편의 상대를 최대한 설득하고 만족시켜야 하는 입장이었다. 또한 고용인의 입장으로, 상대방에게 제시하는 임금을 내가 정말 지불할 수 있을까, 제시한 근무 조건을 잘 지켜낼 수 있을까, 속으로 반복하여 되묻는 고민의 자리이기도 했다.

다행히 병원은 잘 안착하였고 나는 나와 같이 병원을 시작한 의료 인력에 어렵지 않게 임금을 지급할 수 있었다. 급여는 기본급에 식대 그리고 업무 독려 차원에서 인센티브를 넣어 구성했다. 간호조무사 지원은 많아도 간호사는 지원이 거의 없었다. 그런 와중에 내시경 경험이 있는 간호사의 지원이 있었고, 면접을 통해 개원 멤버로 일을 시작했다. 시간이 지나 환자가 늘어나면서 방사선사를 따로 고용할 수 있었고, 검도 형님의 형수님과 아내가 병원 분위기가 차분해질 무렵 일을 그만두었다. 이후 간호사와 간호조무사를 새로 고용하는 일은 감사하게도 순조로웠다. 사람을 구하기 힘들다는 당시에 말이다. 그리고 나는 지금 여섯 명의 의료 인력에 대한 임금을 매달 꼬박꼬박 지불하고 있다. 연차수당과 휴일근무수당과 식대와 인센티브를 매달 계산하는 일은 중요하고 진지한 작업이다.

임금을 지불한다는 것

임금을 지급하는 일은 어째서 부담이자 두려움이 되었을까? 노동자로서 임금을 받는 일은 너무도 당연했는데, 자본가가 되어 임금을 지급하려니 손이 떨렸다. 이것은 내가 욕심이 많은 천성을 가지고 있어 그런 것일까? 아니면 자본가의 자연스러운 마음일까?

임금을 주는 일은 중요하지만 자영업자 또는 자본가에겐 부담이 확실하다. 특히 소규모 자본을 다루는 자영업자들에게 더욱 그러하다. 사업을 하면서 가장 부담스러운 것이 무엇인가를 물으면, 임금 또는 최저 임금 상승 그리고 오르는 물가라고 답했다는 기사는 조금만 검색해 봐도 어렵지 않게 찾아볼 수 있다. 개원하는 나 역시 앞을 알 수 없는 상황에서 의료 인력을 배치하고 임금을 지급해야 하는 일이 매우 부담스러웠다. 그래서 개원을 하는 의사들 사이에서는 개원 초기 여유로운 운영 자금으로 약 3개월에서 6개월분의 직원 월급을 가지고 시작해야 한다고 말한다. 개원은 최소의 인력과 위축된 마음으로 시작할 수밖에 없는 것이다.

자본주의 사회에서 자본가는 생산 수단과 노동력을 투자해 상품을 생산하고 판매함으로써 이윤을 만들어 낸다. 의료 역시 생산 수단과 노동력을 투자해 의료 서비스라는 무형의 상품을 생산함으로써 이윤을 만들어 낸다. 줄여 설명하면, 의료는 서비스업의 일종으로 생산 수단과 노동력을 투자해 이윤을 만들어 낸다고 할 수 있다. 자본가의 목적이 이윤을 최대한 많이 창출하는 것이라면, '생산 수단+노동력→이윤'이라는 공식에서 조율하는 방법은 여러 가지다. 예를 들어 상품 생산 중심의 자본 구조에서는 생산 속도나 품질을 높일 수 있는 기계를 도입하거나, 이에 맞추어 노동력을 증감시켜 상품 생산을 극대화할 수 있다. 자본주의 사회의 의료도 이와 비슷한 방식으로 이윤 창출 구조를 설명할 수 있겠지만, 의사 하나둘 정도가 운영하는 작은 의원급 병원에서는 조금 다르다.

의료는 의사가 무조건 모든 행위에 개입해야 하는 서비스업이다. 따라서 의사 한 사람이 정해진 시간에 할 수 있는 일에는 한계가 있다. 즉 생산 수단은 의사의 활동 능력에 따라 거의 고정되어 있다고 볼 수 있다. 그렇다면 의사가 의료 서비스라는 무형의 상품을 생산하며 이윤을 극대화할 수 있는 방법은 의료 인력을 최소화하거나, 노동력의 가치를 최소화 즉 임금을 적게 주는 방법이 대부분이다. 의료는 노동 집약적 성격이 강해서 개인 의원 수준에서 보자면 최신의 의료기기를 도입하더라도 서비스 상품의 질이 다소 높아질 수는 있어도 상품 생산 속도가 의미 있게 빨라지기는 어렵다.

한국 사회에서 의료는 자본주의 특성을 지니면서도 의료 수가를 국가가 통제하는 사회주의적 성격을 지닌다. 의료 수가는 의료에 사용되는 재료나 기구의 가격, 의사가 시술하는 행위 등, 의료 행위에 매겨지는 가격을 의미한다. 만일 의료가 자본주의 생리대로 운영된다면, 의사들은 스스로가 창출하는 이윤에 따라 인력을 고용하고 임금을 지급하는 데 좀 더 여유로울 수도 있다. 단순하게 보자면 말이다. 하지만 건강 보험이 통제하는 의료 수가의 실체는 원가보다 낮으며, 물가상승률을 제대로 반영하지 않는다(이에 대해서는 뒷장에서 설명한다). 병원의 준비와 운영은 오로지 자본주의적 방식으로 이루어지는데, 수가 통제로 수익은 제대로 나지 않으니 이윤의 형성도 제한적일 수밖에 없다. 이는 상대적으로 임금 지급에 대한 부담으로 작용한다. 비급여 항목을 다양하게 만들어 수가 통제가 없는 수익을 도모하는 원인이기도 하다. 봉직의로 일하며 받았던 월급을 생각하면, 의사들의 임금이나 수익이 그렇다고 적은 것은 아니다. 하지만 그때보다 더 머리 아프고 신경 써야 할 일이 많은 개원 원장이 되면 과거 본인이 받던 월급보다 좀 더 많은 이윤을 기대하는 것이 인지상정이다. 지출을 줄이고 줄여 좀 더 많은 이윤을 얻고 싶은 것이 개원 의사이자 자본가의 마음인 것이다. 이는 구조가 만드는 심리일뿐, 개인의 유별난 탐욕 때문에 벌어지는 현상이 아니다.

따라서 우리는 국가나 사회를 지탱하는 필수 서비스인 의료를 비판적으로 바라볼 때, 의료인 개개인보다는 의료가 놓인 자본 구조에 좀 더 집중해야 한다. 내가 스스로 요리를 배우고, 자리를 알아보고, 대출을 받아 식당을 차리고 음식 장사를 시작했는데, 국가가 나서서 '음식 가격은 이 정도만 받으라'라며 생각보다 적은 수준의 가격으로 통제한다고 가정해 보자. 사장의 기분은 둘째치고, 자본주의 사회에서 이러한 국가의 통제를 납득할 수 있을까?

의사 개인이 개원하여 의원을 운영하는 것은 정말 어려운 일이라고 호소하고자 쓰는 글이 아니다. 노동자에서 자본가로 입장이 바뀌며 변하는 사고와 심리, 이윤의 창출과 수가의 통제가 충돌하며 발생하는 딜레마, 이런 현상이 어째서 사회의 필수요소인 의료 서비스에서 발생하는가에 대한 객관적 시선을 요구하고 싶을 뿐이다. 사실 한국 사회에서의 의사는 대부분 평균 이상의 수입을 올리고 있는 직종이기에 이런 이야기를 하는 것이 매우 힘들다. 그리고 실제로 다른 직종에 비해 의사들은 개원해서 망하는 일이 상대적으로 많지 않다. 수가 통제라는 것이 반대로 말하자면, 국가가 건강 보험 재정을 관리함으로써 의료 행위에 대한 가치를 국가가 일정 수준 보장해 준다는 의미이기 때문이다. 실제로 내 의료 행위에 대한 급여 영역 부분은 매달 정산되어 꼬박꼬박 통장으로 들어오고 있다. 개인 의원은 다른 사업과는 다르게 건강 보험 재정을 바탕으로 저마다 일정 규모의 자본이 순환하는 공간이다.

의료 인력을 구하는 일은 쉽지 않았다. 종합병원 규모에서는 임금이 높은 편에 비해 일이 너무 많아서 기피하기도 하고, 개인 의원급에서는 일이 적을 수는 있지만 임금이 상대적으로 낮기 때문이다. 개인 의원의 입장에서는 그럴 수밖에 없는 구조적 이유를 위에서 적었다. 간호사의 수는 이미 많은데, 적절한 업무량과 적당한 임금 수준의 조화를 찾지 못해 반 수 이상이 간호사라는 직업을 포기하고 있음은 자명한 사실이기도 하다. 잠시 의료 바깥의 세상 이야기를 하자면, 일할 사람을 구하는 곳은 많은데 동시에 일자리를 구하지 못하는 사람들 역시 많다.

자본적 시각에서 그 이유를 자본의 독점으로 설명한다. 자본을 독점한 대기업의 인력 지원은 치열한 경쟁률을 보이지만, 독점 자본의 하청업체나 다름없는 중소기업들은 대기업만큼의 임금을 줄 수 없으니 인력이 모이지 않는 것이다. 최저 임금의 경우, 취업하느니 적당한 아르바이트를 조금만 하면 금방 최저 임금 이상의 월급을 모을 수 있다는 이야기도 곳곳에서 들리는 세상이다. 그러니 일자리는 많아도 일할 사람은 없고, 그 일부를 외국인 노동자들이 채우고 있는 것이다.

자본주의 논리로 운영되지만 수가 통제를 받는 병원은 노동력 부분을 더욱 옥죄일 것이다. 간호사는 많지만 간호사가 없는 현실은 이를 반증한다. 개원한 지 아직 오래되지 않았지만 나는 다른 개인 의원보다 인력 구성에 여유를 두고, 내가 사는 지역의 의원들 평균 수준 또는 그보다 좀 더 많은 월급을 지급하고 있다. 그래서인지 병원은 안정적으로 안착하고 있고, 나는 마음의 여유는 조금 없긴 하지만 충분한 노동력과 그에 대한 가치를 존중해도 내가 먹고사는 데 있어서는 별다른 어려움이 없음을 스스로 증명하고 있다. 나는 앞으로도 계속 이렇게 어려움이 없기를 바란다. 하지만 정말 그럴 수 있을지는 알 수 없다. 아직 3년이 채 되지 않은 병원인 데다가, 병원 경영은 자본주의 방식으로 이루어지니, 미래는 내가 함부로 말할 수 없는 영역이다.

쉬는 것도 어렵다

개원을 고민하던 시점은 휴식이라는 관점에서는 최악의 시기였다. 공간 계약과 동시에 일정을 가늠한 결과, 쉴 수 없겠구나 하는 생각이 들긴 했다. 코로나19 팬데믹도 한창이었다. 외국 여행은 언감생심, 육지라도 좀 다녀올 수 있으면 좋겠다는 생각이 간절했다.

서귀포 진료를 마감한 직후의 일주일은 사업자 정리를 하느라 분주했다. 동업자들의 신분증과 도장을 들고 직접 세무서를 찾아가, 사업자 명단에서 내 이름을 빼야 했다. 그리고 보건소에 가서 병원을 그만두었음을 직접 통보했다. 사실 분주하다기보다는 기다림의 연속이었다. 공무원들은 정해진 업무 시간이 있고, 담당자가 휴가나 외근을 갔다면 접수는 가능해도 처리를 기다려야 하는 일이 부지기수였다. 실제로 그랬다. 사업자 등록 증 상의 내 이름은 이틀만에 빠졌다. 그러나 근무하던 병원에 서 퇴사 신고를 접수한 보건소 업무는 2주가 넘도록 처리가 되 지 않아, 전화로 재차 처리를 요구해야 했다. 그렇게 내가 서귀 포의 병원에서 완전히 벗어나는 일은 진료를 마치고도 시간이 필요한 일이었다. 인테리어 공사도 완료되었고, 이제 일부러가 아니라면 서귀포에 가야 할 일도 없었다. 병원 대출을 위해 은 행과 신용보증기금을 오가야 했고, 병원 공간에 무얼 채워 넣 어야 할지 고민도 하고 나름의 쇼핑도 해야 했다. 내 병원을 시 작하려면 우선 제주보건소에서 개설등록필증부터 받아야 했 다. 내 면허증과 조무사인 아내의 면허증, 병원이 될 공간의 평 면도를 보건소에 접수했다. 평면도에는 방마다 소수점 두 자리 까지 건평이 기록되어 있어야 했다(사실 나는 지금도 왜 방마다 평 수가 기록되어야 하는지 이해가 되지 않는다. 보건소는 어째서 공간 넓이까 지 요구하는 것일까?). 그리고 방사선사를 고용하기 전까지는 내가 방사선 기기를 다루어야 했기에 방사선 관리자 등록을 위한 건 강 검진도 같이 받았다.

여기까지 과정을 거치니 벌써 휴식 기간의 3주가 지나 있었 다. 잠깐이라도 육지 여행을 다녀오고 싶었다. 남도 여행을 다녀왔다. 군 생활 3년의 추억이 있는 남해 섬을 여행했고, 동생이 살았던 여수와 순천, 하동과 악양을 여행했다. 군의관으로 자대 배치를 남해로 받은 것이 정확히 20년 전이었다. 당시 동생은 여수에서 살다가 지금은 순천에 살고 있다. 나는 종종 섬진강을 따라 하동과 구례와 악양을 다녔다. 한마디로 추억여행인 셈이었다.

　남도에 다녀와서는 홀로 4일간 전주를 여행했다. 어릴 적 살던 동네를 돌아보고 싶다는 생각은 오래전부터 있었다. 지금이 아니면 안 될 것 같아서 무리를 해서라도 전주 여행은 꼭 성사시키고 싶었다. 그래서 이른 새벽 배에 차를 싣고, 완도에서 전주까지 달려 4일 동안, 내가 어릴 적 살던 경원동, 남노송동과 한벽루가 있는 전주천 주변을 걸어 다녔다. 역시 일종의 추억여행이었던 셈인데, 여행은 좀 아팠다. 내가 뛰어다니던 골목과 집은 도로가 생기면서 끊어진 거미줄처럼 파편이 되어 있었고, 사람들이 사라져 낡은 집들은 허물어지고 있었다. 동네가 온전히 사라진 것도 아닌 채 파편과 폐허로 남은 모습은 마음을 아리게 만들었다. 차라리 아파트 단지 같은 것으로 전부 뒤덮여 온전히 사라졌다면 마음이 덜 아팠을지도 모른다. 남해 여행은 가장 후회되는 여행이었다. 모든 것이 너무 변해 버려 일말의 흔적이나 추억도 내게 허락하지 않는 풍경이었다. 독일마을의

촌장 아저씨는 돌아가신 지 4년이 지났고, 고요하던 독일마을은 시장터 같은 풍경으로 변해 버렸다. 20년이라는 시간에 내가 너무 욕심을 부리는 것인지 모르겠다. 차를 몰아 다시 남해대교를 빠져 나오는데, 이제는 이 섬을 찾아올 일은 없겠구나 하는 마음만 가득했다.

지금 생각해 보면, 그 두 달의 휴식기에 제대로 된 여행을 하지 못한 것이 가장 후회로 남는다. 코로나19 팬데믹과 개원 준비로 일정이 빡빡한 것도 이유였지만, 개원을 하고 나니 그렇게 여행을 다닐 수 있는 시간이란 거의 존재하지 않았다. 이는 이전부터 예견하기도 했고, 먼저 개원한 동료들에게 자주 듣던 이야기였다. 그리고 지금의 나는 그 말을 실감한다. 물론 일 년에 일주일의 휴가를 두고 있지만, 그때만큼 맘 편하게 쉬지 못한다. 자본가가 된 나는, 그리고 진료실에 앉아 있는 시간에 비례하여 수입이 생기는 나는, 이제 쉬면 쉴수록 수입이 줄어든다는 생각이 더 크다. 최대한의 이윤을 만들어야 하는 내 입장에서 이 스트레스는 상당하다. 쉬는 시간을 정말로 줄여야만 병원 유지가 되는 상황은 아니기에 다행이지만, 자본가의 마음은 이 스트레스에서 절대 자유롭지 못하다. 반복해서 하는 이야기지만, 내 개인의 욕심이 과하여 생기는 마음이 아니다. 자본의 논리에 복종해야 하는 자본가는 누구나 이런 생각에서 자유롭지 못하다. 그래서 어떤 개원의는 여행을 별로 좋아하지 않는다는 이유로 휴가를 가지 않기도 하며, 어떤 이는 대진의를 구해 두고 휴가를 떠나기도 한다. 휴가를 사용해도 온전히 쉬는 것이 불가능한 경우도 있다. 개원한 한 동료는 어느 해 병원의 오래된 컴퓨터 시스템을 교체하느라 휴가의 2~3일을 병원에서 보내며 점검을 해야만 했다.

잠깐의 여행을 마치고 나니, 개원까지 3주 남짓 남았다. 지금부터는 속도전이었다. 개설등록필증은 발급되었다고 여행 중 통보받았다. 새벽 배로 제주에 도착한 나는 바로 시청에 가서 면허세를 납부한 뒤, 보건소에 가서 필증을 받았다. 미리 준비한 임대차 계약서와 신분증을 들고 세무서로 가서 사업자 등록증을 신청해서 발급받았다. 한국에서 사업자가 되는 일은 무척 쉬워 보였다. 사업자 등록증 발급은 얼마나 기다려야 할까 걱정했는데, 신청하자마자 5분도 안 되어 발급되어 무척 신기했다. 시간이 급한 나에게는 고마운 일이었다. 바로 시내의 건강보험관리 공단에 가서 사업자 등록증과 신분증을 제출한 뒤에 공인인증서를 USB로 발급받았다. 병원 개설에 가장 중요한 절차가 반나절 만에 완료된 것이었다. 그리고 건강 보험심사평가원에 내 통장 사본과 사업자 등록증을 팩스로 보내어 요양 기관 번호를 발급받았다. 역시 공무원의 세계라 팩스를 보낸 다음 직접 전화해서 수신되었는지 확인해야 했고, 요양 기관 번호는 다음 날 임시 번호 형태로 바로 발급받았다.

한국 의료 시스템 안에서 개원의의 애매한 입지에 들어서는 절차를 밟은 것이다. 사업자 등록증을 발급받은 것은 자본가로서의 시작을 의미하는 것이었고, 건강보험공단에서 공인인증서를 발급받고 심사평가원에서 요양 기관 번호를 부여받는 것은 건강 보험의 수가 통제를 받는다는 의미였다. 자본가면서도 국가 통제하에 놓이는 일은 어쩔 수 없으면서도 그저 자연스럽게 받아들여야만 하는 일이다. 문제는 당연하고 순진한 마음만으로 개원 절차를 밟고 나면, 현재 우리들이 종종 듣고 보게 되는 의사들의 불평과 징징거림, 대체 의사들은 왜 그러는가에 대한 원인을 제대로 알 수 없다는 것이다. 의사 스스로도 말이다. 통제받는 자본가라는 아이러니한 위치에 대한 가장 명쾌한 설명은 결국 자본의 생리에서 찾을 수 있고, 징징거림은 이에 기인하는 것이다. 의사 집단의 편협한 시야나 부족한 사회성은 일단 차치하고 설명을 이어 보자.

이제 나는 환자를 진료하면서도 매출과 이윤을 생각하지 않을 수 없다. 따라서 환자를 보는 일은 섬세함보다는 효율이 우선시된다. 환자를 볼수록 수익이 나니 웬만한 진료는 빨리빨리 진행해야 한다. 3분 진료는 여기서 비롯된다. 건강 보험이 통제하는 의료 수가로는 매출이나 이윤이 제대로 쌓이지 않으니 비급여 항목인 수액 요법이나 비싼 주사를 적극 권유해야 한다. 허리와 무릎이 아프다는 할망과 할아방들이 수시로 내원하여 물리 치료를 받고자 하면, 호전 여부에 대한 의학적 판단보다는 자주 찾아 주셔서 감사하다는 생각부터 하게 된다. 이런 과정에서 설명도 제대로 안 해 주고 돈만 밝힌다는, 의사들에 대한 사람들의 비아냥은, 진료실에 앉은 입장에서는 애써 무시해야만 하는 비난이다. 국가에 수익을 통제당하는 자본가라는 이상한 정체성은, 합리적인 진료의 원칙을 깨뜨리고 의사로서의 판단 역시 이상한 방향으로 흐르게 만든다. 뭔가 효율적인 것 같으면서도 기이하기 이를 데 없는 한국 의료의 구조는, 의사 입장에서는 개원을 하면서 많은 부분을 깨닫게 된다. 시간이 흐르면서 깨달음은 점점 선명한 현실로 다가온다.

병원 장비로 바뀐 대출금

병원을 본격적으로 채우고 꾸며야 했다. 여행을 다녀오고 개원을 위한 행정 절차가 신속하게 마무리되었다. 개원까지 남은 시간은 약 3주. 이제는 정말 병원에 붙어 있다시피 해야 했다. 거의 매일, 아침 8시 반부터 장비와 물품 들이 들어오고 사람들이 드나들기 시작했다. 나와 아내는 결정을 해야 했고, 판단을 해야 했다. 주문을 하고, 직접 구하러 나서야 했다. 누군가의 도움이 필요했고, 내가 알든 모르든 전적으로 나의 결정에 의해 일이 진행되었다. 어느 순간 나는 업무에 돌입한 기분이 들었다. 진료를 하는 것은 아니지만, 병원을 세팅하는 일 자체가 내가 없으면 불가능한 일이었다.

나는 내 의지와 상관없이, 아침 8시 반이면 병원에 가 있어야
했다. 머릿속은 복잡했고 혼란스러웠다. 정리가 되지 않는 그
어수선함 속에서 몸을 움직이고 몇 가지 결정을 하다 보면 어
느새 점심 시간이 되었고, 다시 오후 시간을 정신없이 보내다
보면 창밖은 어두워져 있었다. 집으로 돌아가는 차 안에서 배
철수 디제이의 목소리를 들을 수 있다면 이른 퇴근이었다. 일
주일에 두 번은 검도장에 가서 운동을 해야겠다 싶어 도장에
가도 피곤이 덕지덕지 붙어 몸은 무겁고 머리는 혼란으로 어지
러워 제대로 운동이 되지 않았다.

사실 의료기기 업체 직원들이나 병원 개설에 경험이 많은 의
료 분야 종사자들에게 부탁하면 좀 더 편하게 준비할 수도 있
었다. 하지만 나는 내가 직접 모든 것을 해 보고 싶었다. 물론
혼자서 모든 것을 다 할 수는 없다. 줄자를 들고 구석구석을 측
정해 가며 공간에 맞는 탁자나 책상을 고르거나 주문하는 일
은 아내가 나보다 더 잘했다. 내시경이나 초음파 기기 세팅 같
은 경우는 전문업체에서 해 줘야만 하는 일이다. 그런 일들 외
에, 내가 직접 할 수 있는 일을 정리하고 처리했다. 내가 개원하
는 병원이니, 행정 절차의 처음과 끝까지 직접 관공서 곳곳을
다니며 해결했다. 진료실에 배치할 책장과 책상을 직접 골랐다.
컴퓨터 역시 일괄로 업체에 주문하지 않고, 조언을 바탕으로

사양을 골라 직접 주문했다. 전문 장비가 아닌 일반 장비 중에 조립이나 설치를 업체에서 해 주지 않는 것은 내가 직접 조립하고 설치했다. 진료실 책장은 업체에서 조립 설치까지 책임지는 구조라 업체 직원이 와서 깔끔하게 설치해 주었다. 내가 직접 구입한 컴퓨터와 모니터, 의자, 책상 등은 장갑을 끼고 전동 드라이버를 들고 하나하나 조립하고 설치했다. 사실 나는 눈으로 직접 확인하거나 꼼꼼하게 챙기고 정리하는 일에 서툰 편이다. 그러면서도 스스로 작업을 하는 것, 직접 확인하고 손길을 부여하는 과정을 좋아한다. 내 병원이니 더욱 그러했다.

병원의 각 공간을 채워 나갔다. 내시경실 탕비실, 처치실 등 적절한 의료 장비를 배치하고 나니 이제는 커튼을 설치해야 했다. 공간마다 커튼을 어떻게 설치해야 할지, 아내와 내가 일일이 판단하여 규격과 구조에 맞춰 주문했다.

방사선실은 이미 장비가 설치된 상황이었지만, 그것으로 끝나지 않았다. 방사선 차폐는 잘 되는지 확인하기 위해 공간을 둘러싼 벽을 검사소에서 나와 검사를 진행했다. 장비는 안전하고 방사능 누출은 없는지, 조사량은 안전한지 일일이 검사했다. 검사 결과가 나오면 결과지는 다시 보건소에 제출하여 방사능 기기 사용 허가를 받아야 했다. 작은 의원도 내부 네트워크가 중요했다. 내시경, 초음파, 방사능 검사 등의 결과는 내부 네트워크를 통해 전송되면 방사선실 프로그램을 거쳐 진료실에서 볼 수 있는 시스템을 구성해야 했다. 이 역시 업체의 손길이 아니면 불가능했다.

방범 시스템이 필요해서 방범 업체에 가입한 뒤, CCTV를 공간마다 설치하고 자동문 출입구에 지문 인식 시스템을 설치했다. 장애인 친화 건물이라 3층 건물임에도 엘리베이터가 있었다. 하지만 내가 병원 계약을 하기까지 몇 년을 운행 중지 상태로 방치하고 있었다. 엘리베이터 운영은 병원 입장에서 아주 필요했다. 건물주는 눈치 빠르게 엘리베이터의 재운영에 필요한 점검과 운영 관리를 병원이 해 줄 것을 주문했다. 세입자가 무슨 힘이 있을까……. 그래서 나는 병원 제반을 책임지는 병원장의 역할뿐만 아니라 엘리베이터를 운영하고 관리를 책임지는 역할까지 도맡아야 했다. 큰 부담은 아니었다. 건물 뒤로 넓은 주차장이 있다는 점을 감안하면, 그래서 주차 문제를 신경 쓰지 않아도 된다는 점을 생각하면, 병원 외적인 관리 부분의 일부를 담당하는 건 필요한 투자이기도 했다.

그러나 병원 운영에 필요한 이런저런 지출과 병원 외적인 관리에 대한 비용을 더하면, 고정 지출은 절대 적지 않았다. 당장 개원 시점에서 파악되는 매달 고정 지출은 방범비, 엘리베이터 관리비, 진료 프로그램 사용료, 세무 기장료, 화재보험, 전기 수도세, 공동관리비, 통신비, 사무기기 임대료, 폐기물 관리비 등이었다. 가랑비에 옷 젖는다는 말을 실감할 수 있었다. 병원이 세팅되면서 필요한 비용을 가늠하고 있을 때, 보건소에서 개원 상황을 파악하러 직원이 방문했고, 신용보증기금에서 실제 대출 자금이 쓰일 공간을 확인하기 위해 직원이 방문했다. 그리고 심평원에서 보내 준 요양 기관 번호는 임시 번호에서 확정 번호로 변경되었다. 원하는 액수의 대출금이 드디어 통장에 찍혔고, 진료 허가를 받았으며, 실제 2월 하순부터는 프로그램을 통해 진료와 청구 및 처방전 발급이 가능했다.

통장에 찍힌 숫자는 장비 세팅이 제대로 되었음을 확인과 동시에 대부분 사라져 버렸다. 거대한 숫자가 내 통장에 머문 시간은 일주일이 채 되지 않았다. 그리고 처음 찍혔던 거대한 숫자만큼의 빚을 내 어깨에 짊어졌다. 장비는 모두 정가 구입했다. 숫자가 장비로 바뀌어 모두 내 소유가 되었을 때, 나는 어째서 행복하지 않은가라는 생각을 잠시 해 봤다. 장비 설치로 분주하던 며칠이 지나고, 나와 아내만 남은 병원 창밖 해가 진 저녁의 도로에는, 차가 밀려 헤드라이트 불빛이 선명하게 쌓인 늦겨울 풍경이 펼쳐지고 있었다. 소음이 작게 들어 오긴 했으나, 병원에 정적이 흘렀다. 이게 다 내 소유라니 싶어지는데, 그 기분은 기쁨이나 행복이 아니라 부담이자 걱정이었다. 그나마 위안은 각각의 장비마다 품질과 성능 보증 기간이 존재한다는 것 정도였다.

앞으로 나는 잘해 낼 수 있을까? 걱정은 의사로서의 역할이 아닌, 사업가 또는 자본가로서의 이윤 창출이었다. 의료용이라는 딱지가 붙으면 일단 가격이 뻥튀기되는 장비들이 고장이라도 나면, 수리나 관리비는 또 얼마나 들 것인가 하는 때 이른 걱정부터 생기는 것이었다. 모든 공사와 설치가 완료되고, 모든 행정과 자금 문제를 해결한 시점에서 이제는 누구 탓을 할 수 없는 온전한 나의 책임이 시작되었다.

주사위는 던져졌다

장비들이 각각의 자리에 배치되었고, 큰 틀에서 물품과 소품들이 자리를 잡았다. 적지 않은 이력서 중에 같이 일하면 좋겠다 싶은 사람들을 연락하고 만나, 설명하고 설득하고 합의하여 인력을 구성했다. 물리 치료사 두 명, 간호사 두 명, 간호조무사 한 명이 병원의 시작을 함께했다. 방사선사 역할은 의사인 내가 할 수 있으니, 병원을 운영해 가며 점점 바빠지는 시점에 구인을 하면 되었다.

의료 인력은 각자 고유한 역할이 있다. 관련 자격증을 가진 사람들이 각자의 역할을 펼치며 어우러지는 것이다. 병원 내에서 관리의 영역은 서로가 분담하여 꾸려 가지만, 각 직능마다의 역할이 나뉜다. 간호사는 환자에게 주사나 수액을 놓거나, 원내에서 처방되는 약품을 설명하고, 의료 약품을 관리한다. 의사가 내시경이나 간단한 수술 등의 의료적 처치를 하는 경우 환자의 상태를 살피고 시술을 보조한다. 간호조무사는 간호사의 역할을 보조하고, 환자 응대와 사무를 담당하며, 의사의 지도하에 간호 시술을 진행한다. 물리 치료사는 말 그대로 환자의 물리 치료 및 도수 치료, 기타 이학적 치료를 담당한다. 그리고 각 직능은 자신이 담당한 역할의 물품이나 약품을 관리한다.

따라서 구성된 인력들은 자신의 직능에 따라 자신이 일할 공간을 필요한 물품으로 채우고 효율적으로 관리할 수 있도록 정리해야 한다. 큰 틀로서 각자에게 주어진 공간을, 각자가 필요한 물품을 주문하고 가져오고 채우는 것이다. 물리 치료사는 물리 치료실에 견인기를 어디로 배치할지, 도수 치료 베드와 충격파 기기를 어디에 둘지를 판단하고, 핫팩의 종류와 부재료를 주문하여 정리한다. 물리 치료 베드에 필요한 전열기 매트 등을 골라서 주문해서 깔아둔다. 건조대나 전열 장비 등의 부수적으로 필요한 물품 역시 주문하여 일하는 데 효율성을 고려한다.

간호사들은 주사실 가구의 배치, 약품의 종류와 보관 장소를 파악해야 한다. 처치실에 있는 드레싱 세트와 온갖 기구들을 파악하고 소독과 세척의 동선과 관리 방법을 상의해야 한다. 내시경실 역시 세척기의 사용법, 장비 사용법 등을 파악해야 한다. 일회용 장갑과 마우스피스 등, 내시경에 필요한 소모성 물품을 어디에 보관해야 할지 정해야 한다. 수액실에서 약품 관리는 어떻게 해야 할지, 환자의 동선과 수액의 투여와 제거의 동선은 어떻게 할지 상의해야 한다. 그리고 환자 응대와 진료실을 중심으로 한 환자의 동선을 전체적으로 구상해야 한다. 의사는 의학적 행위의 대부분을 간호사나 조무사와 진행한다. 따라서 내가 어떤 의료 행위를 하느냐에 따라 간호사의 역할은 유동적이다. 나는 외과 의사라 종물절제술 같은 간단한 수술과 통증 주사 같은 통증 시술 그리고 내시경을 하는데 모든 행위에 있어 간호사나 조무사의 보조가 절대적이다.

조무사이자 아내는 더 머리가 아팠을 것이다. 접수와 사무 외에도 원내 위생 물품이나 세탁기, 건조기 등의 기타 물품을 정비해야 했다. 사소한 물품에서 보여지는 서비스나 관리에도 신경을 써야 했다. 각 직능이 각자의 공간에서 필요한 것이 무엇인가를 고민하고 주문할 때, 아내는 그 외의 물품을 고민하고 주문하고 배치하며 병원의 전체적 이미지와 모습을 만들어야 했다. 수액실 베드의 베개 시트부터 화장실 롤페이퍼까지 하나하나 정해 가면서 우리는 준비 시간을 보내었다.

나 역시 진료실을 어떻게 꾸밀까 고민했다. 이제까지의 진료실은 다른 의사를 대신하여 잠시 앉아 있던 공간, 누군가가 정해 놓은 공간이었다. 서류나 책더미가 한쪽에 쌓여 있는 오랜 책상에 낡은 컴퓨터를 사용해야 했거나, 기존에 있던 물품들을 다시 배치하고 정리하며 대략 만족할 만한 공간을 만들어야 했다. 의자는 앉아 보면 어딘가 잘 들어맞지 않는 느낌이었다. 잘 맞지 않는 퍼즐을 억지로 맞춰 시간이라는 방법으로 적응해야 했다. 이전 서귀포에서 진료하던 시절은 바다를 바라보는 남향의 통유리 건물 안 공간이었다. 여름날 낮에는 햇빛이 쏟아져 들어와 열대 온실을 방불케 하는 열기가 가득했다. 덥고 조금은 밋밋한 공간에 나는 화분을 들였다. 커피나무를 들였는데, 이 녀석들이 조건이 잘 맞았는지 3년을 키우니 키가 천장에 닿을 정도로 훌쩍 자라 버렸다. 커피 꽃이 피고 콩도 맺더니 빨갛게 익어 두세 번은 수확을 했던 것 같다. 그 외 레몬이나 감귤류의 나무를 화분에 담아 진료실에 들였는데, 만족하기에는 뭔가 어색했던 진료실 환경에 적응을 도와주는 친구 같은 존재들이었다.

진료실은 원장의 정체성이다. 진료실에 들어온 환자나 손님이 공간을 보고 나를 대략 짐작할 수 있어야 한다. 책상과 책장은 깔끔하면서도 프레임 위주로 구성된 답답하지 않은 디자인으로 골라 설치했다. 그다음은 빈 공간을 채우는 일이었는데, 한쪽은 궁금할 때 당장 펴 볼 수 있는 의학서적을 배치했다. 나머지 공간에 대해서는 조금 고민이 필요했다. 우선 집에 있는 많은 책 중에서 내게 사상적으로 그리고 글쓰기에 대해 영감을 준 책을 골라 병원 책장에 비치했다. 비의료인들을 위한 일반 의학서적도 배치했다. 나머지는 좋아하는 작가의 책과 재미있게 읽은 인문 사회과학 서적으로 채웠다. 선물 받은 액자와 소품을 한쪽에 배치했고, 검도인이라는 사실을 보여 주고 싶어서 단도 가검을 작은 스탠드에 올려 배치했다.

벽면은 내가 좋아하는 그림들로 채웠다. 주로 일러스트인데, 제주와 유럽에서 활동하는 문신기 작가의 그림과 알폰스 무하의 〈황도 12궁〉 작품을 걸었다. 진료실에 작게 음악이 흐르게 하고 싶어 작은 블루투스 스피커를 놓았고, 디자인이 괜찮은 전기주전자를 놓았다. 화분은 일단 선물 받은 것들이 너무 많아 진료실에도 배치했지만, 사촌 동생이 보낸 커피나무가 있어 먼저 챙겨 진료실 창가에 두었다. 이번 진료실도 통창 구조이긴 하지만 이전과는 다른 바다 쪽 북향 창이라 녀석들이 잘 자라 줄지 모를 일이었다. 이렇게 진료실까지 나를 보여 줄 만한 공간으로 꾸며 놓았다. 원내 네트워크와 처방전 프린터를 테스트했다. 보안 관련 작업을 하고 프로그램 사용법을 되도록 빨

진료실은 원장의 정체성을 알 수 있게 한다.

리 익혀야 했다.

사용하기 편하고 효율이 좋다는 평이 많아 구입한 진료 프로그램은 제주에 상주하는 직원이 없어 서울 본사의 도움을 받아 원격으로 설치했다. 그리고 얼굴 한 번 마주하지 않고 수십 번의 전화를 주고받으며 프로그램을 세팅했다. 얼굴을 볼 수 없는 나는 답답했고, 수시로 전화를 받아야 하는 상대 직원의 목소리에는 짜증의 꼬투리가 은연중 묻어나기도 했다. 그 프로그램에 내가 사용할 약들을 입력하고, 다시 약들을 모아 약속 처방을 만드는 것도 고된 일이었다. 내가 하는 시술과 처치 처방을 입력해 두어 필요할 때 바로바로 입력할 수 있도록 정리 정돈해 두어야만 했다. 그 작업은 시간이 꽤 걸리는 작업이라, 밀리던 도로의 차가 한산해질 늦은 밤까지 작업했다. 그리고 의료 장비를 모두 심평원 사이트에 등록해야 했다. 제품번호와 모델과 구입일까지 하나하나 입력해야만 내가 장비를 가지고 행한 의료시술들이 급여로 인정받을 수 있었다.

대부분 그렇긴 하지만 개원을 준비하는 상황에서 반드시 해야 할 전반적이고 구체적인 작업이 무엇무엇인지, 건강 보험이나 심평원의 안내는 정말 불친절하다. 개원을 하면서 정상적인 병원 진료를 위한 가이드 같은 것은 기대할 수 없다. 너무 방대하긴 하지만 약을 처방하거나 시술이나 처치를 하는 데 있어주의해야 할 사항 같은 안내가 없다. 이런 안내가 필요한 이유는 교과서에 기초한 처방이나 시술과 심평원이 제시하는 처방과 시술 방식에 차이가 있기 때문이다. 예를 들어, 몸이 너무 아픈 환자가 물리 치료와 함께 진통제 주사 맞기를 원하면, 교과서적으로는 물리 치료와 주사 처방은 동시에 가능하다. 하지만 심평원 기준으로는 물리 치료와 주사 처방 중 하나만 인정해 준다. 따라서 두 가지를 모두 원하는 환자는 둘 중 하나의 처치에 대해서 전액을 부담해야 한다. 이는 진료가 시작된 이후에 벌어지는 수많은 급여 처방 인정 기준의 하나일 뿐이다. 그 전에 병원을 준비하면서 심평원에 등록해야 할 기기나 물품 등에 대한 아무런 안내가 없으니, 가뜩이나 머리 아픈 원장은 자칫하면 등록이 누락된 물품이나 기기 때문에 삭감당하거나 청구 오류로 골머리를 썩기도 한다. 나보다 먼저 개원한 어느 동료는 심평원에 기기를 등록해야 하는지 몰라서, 첫 달 진료분의 상당 부분을 삭감당해야만 했다. 뒤늦게서야 이유를 알고 기기를 등록해서 삭감액을 받을 수 있었다.

개원 전, 같이 일하기로 한 직원들이 이틀 정도 모두 나와 필요한 물품을 주문하고 자리를 잡지 못한 장비나 가구 들을 배치했다. 그리고 개원 한 주 전, 3일간의 시뮬레이션 기간을 가졌다. 유니폼을 맞추고, 도착한 물품을 각자의 자리에 정돈하고, 제약사에서 배송 온 약품들을 적절한 보관 장소에 배치했다. 공간마다 더 필요한 것은 없는지 살피고, 우연히 들른 환자들을 안내하고 진료하고 배웅했다. 지인들의 인사와 화환이 도착했고, 가끔 있는 진료와 넘치는 방문객들의 축하 인사를 받느라 정신이 없었다. 그렇게 막막함과 미완으로 시작해서 하나하나 쌓다 보니, 한 달이 채 안 되는 시간에 병원은 갖춰지고 사람들의 온기가 채워져 공간은 따뜻해졌다.

신기한 일이었다. 이른 아침에 출근하듯 싸늘한 병원에 나와 정신없이 몸을 움직이고, 멍한 상태에서 무언가를 결정하다 보면 해 저문 녘이 되어 있었다. 그렇게 며칠을 보내고 나니, 나는 어느새 유니폼을 입은 원장이었고, 같이 일할 사람들이 옆에서 각자의 자리를 만들고 있었다. 그리고 병원은 무언가 긍정적인 기운으로 채워지고 있었다. 몸은 피로하고 머리는 어지러운데, 이제 무언가를 제대로 할 수 있겠구나 하는 자신감이 생겼다.

그렇게 시뮬레이션과 준비가 거의 마무리되었다. 이제는 하나하나 부딪혀 가며 해결해야 했다. 시뮬레이션을 마친 다음 날 주말은 쉬기로 했다. 하지만 그게 마음대로 될 리 없었다. 토요일 오전에 병원에 나와 최종 점검을 다시 하고, 무거운 마음을 안고 집으로 돌아왔다. 애써 마음을 다잡고 집에 머물렀지만, 좀처럼 안정되지 않았다. 결국 어두워진 밤, 차를 몰아 바닷

의료 홍보물 대신 좋아하는 일러스트 작가의 작품과 제주 동네책방의 책을 정기적으로 배치한
대기실 공간

가를 돌아다녔다. 하면 될 것 같은데, 할 수 있을까 하는 복잡한 마음……. 두렵기도 하고, 두려울 필요까지는 없겠다 싶은 마음…….

다음 날 나는 내 이름을 딴 병원 이름을 걸고 첫 진료를 시작했다. 지금도 기억한다. 진료실과 처치실과 방사선실을 오가며 진료한 첫날 67명의 환자들……. 내가 처치실을 거쳐 대기실로 나타나면 누군가, 저 사람이 원장인가 하는 호기심 어린 눈빛으로 유심히 집중되던 환자들의 눈빛 앞에서 서툴게 보이지 않으려 무척 노력하고 조심했다. 저마다 차트의 첫 장을 채우느라 세세한 질문과 설명으로 눈빛을 마주하려 노력했다. 의사 인생에 한 번쯤은 겪어야 한다고 생각했던 개원과 내 병원의 원장으로서 첫날은 마치 새로 건조된 거대한 유조선이 처음으로 바다에 던져져 거대한 포말을 일으키며 휘청이다가 잠잠해지며 중심을 잡는 과정과 같았다. 정돈된 병원도 아니고 개원 병원에 일하겠다 들어와 준비 작업부터 시뮬레이션까지 무사히 이끌어 준 직원들에게도 감사했다. 첫 달 월급은 계약한 급여 외에 개원 전 일한 날 수만큼의 일당과 감사비까지 더해서 지급했다. 당연한 일이기도 했지만, 그때만큼은 진심으로 꼬장한 자본가의 마음이 아닌 감사하는 이의 마음에서였다.

2부

나는 의사인가, 경영자인가

아침 일찍 출근하여 옷을 갈아입고 진료실 책상에 앉는다. 진료 프로그램의 진료 전 환자 리스트에 환자들의 이름과 정보가 순서대로 나열되기 시작한다. 환자가 내원하면, 대기실 접수대에서 환자의 인적 사항과 가입된 보험 종류를 확인하고, 어떤 진료를 보러 왔는지 간략하게 묻는다. 그리고 필요한 환자의 신체 징후와 기타 진료에 참고할 만한 기본 자료를 입력한다. 내용은 진료 대기 리스트의 환자를 클릭하면 차트에 기록되어 진료실에서도 확인이 가능하다. 나는 대기 중인 환자들을 순서대로 진료실로 들어오게 한다. 진료실 문을 열고 환자가 들어오면, 그 순간부터는 환자와 나만의 개인적이고 반쯤은 비밀스러운 이야기들이 오고 간다.

진료를 마치고 환자가 진료실을 나간다. 환자는 처방전을 받고 약국으로 향하거나, 주사를 맞고 가거나, 너무 피로하고 힘든 나머지 수액실로 가서 수액을 맞거나, 아픈 어깨를 관리하기 위해 물리 치료실로 들어간다. 또는 그 전에 이런저런 검사를 할 수도 있다. 나는 방금 본 환자와의 이야기와 진찰 내역을 주관적 증상(subjective information), 객관적 진찰(objective information), 의심되는 진단(assessment), 이에 따른 처방 및 치료계획(plan)으로 나누어 간략하게 차트에 적고, 진단 난에 의심되거나 확진된 진단 코드를 입력한다. 그리고 오더 창에 필요한 처방을 입력한다.

처방은 직접적으로 진료비를 결정한다. 환자를 만나면 우선 초진비 또는 재진비가 기본으로 자동 입력된다. 내복약만 처방하면 그것은 처방전을 통해 약국으로 이어지지만, 주사의 경우엔 원내에서 처치되기에 주사약에 따른 수기로, 즉 정맥주사료 또는 근육/피하주사료가 붙는다. 물리 치료를 처방하면 항목별 수가가 같이 표시되며, 그 외 검사를 하는 경우 여러 검사비가 같이 표시되어 한 환자에 대한 진료비가 결정된다. 환자 한 사람을 진료한 진료비가 쌓여 하루의 매출이 되고, 그것이 더 쌓이면 한 주, 한 달의 매출이 된다. 매출은 중요하다. 내가 고용한 인력들의 월급을 매달 지급해야 하고, 병원에 필요한 물품과 약품을 구입하며, 병원과 장비의 관리를 위한 비용이 필요하기 때문이다. 그리고 필요한 모든 비용을 제외한 남은 비용, 즉 내가 가져갈 수 있는 얼마간의 돈도 필요하다. 이 모든 것이 유지되지 않으면 그리고 내가 가져가는 돈의 규모가 어느 정도 형성되지 않는다면, 내가 병원을 운영할 이유는 사라진다.

여기서 문제가 발생한다. 나는 환자를 진료하는 의사인가, 아니면 병원을 운영하는 경영자인가. 나는 오로지 환자를 보는 의사이고 싶지만, 동시에 병원을 통해 자본을 효율적으로 굴려야만 내가 바라는 의사가 될 수 있다. 물론 환자를 진료하는 본연의 역할에 충실하는 것만으로 경영에 필요한 충분한 자본이 뒤따라오면 매우 이상적이고 바라는 일이다. 하지만 한국의 의료 구조에서는 쉬운 일이 아니다. 대다수 개원의는 의사 본연의 역할과 병원 경영 사이에서 갈등하고 있음이 사실이다. 솔직히 말하자면, 1차 의료 기관인 의원은 대다수가 전문의 자격증을 가진 개원의들이 운영하지만 만나는 환자들은 상대적으로 난도가 높지 않은 환자들이다. 잘 모르는 분야를 진료받으러 오는 환자들도 조금만 찾아보면 바로 해결책을 제시할 수 있다. 난도가 조금 높은 환자다 싶으면 2차 병원이나 3차 병원으로 진료 의뢰서를 써서 보내면 된다. 그러니 진료에 대한 부담은 상대적으로 낮다. 오히려 이제까지 수련을 거쳐 오며 한 번도 생각하지 않았던 병원 경영이 조금은 생소하면서도 어려운 일이다. 거기에 매출과 이윤까지 생각해야 하니, 신경 써야 할 일은 어쩌면 진료보다도 경영일지 모른다. 아니, 내가 벌여 놓은 이 병원을 잘 운영해서 매출도 늘고 이윤도 남길 수 있어야, 진료도 가능하다는 생각이 더 큰 것이 사실이다.

앞으로 여러 번 이야기할 문제이니 당장에 구체적인 이유를 따지기 전에, 그렇다면 한국 사회에서 의료는 어느 위치에 존재하는 것일까? 사람들은 보통 의료라 하면 희생과 높은 가치, 그리고 봉사와 사회 보장 서비스 등을 생각한다. 한편으로는 그런 생각과 동시에 돈을 많이 벌 수 있는 분야, 의사의 방대한 수익 그리고 산업에서 몇 안 되는 블루오션의 한 분야로 생각한다. 교통사고로 생사를 장담할 수 없는 환자를 오랜 수술 끝에 살려내면 감동하고 감사하는 사람들이, 때마다 발표되는 의사들의 평균 수입 규모에는 '돈만 밝히는 의사 나부랭이'라고 쉽게 딱지를 붙인다. 그럴 때면 나는 의사로서의 정체성이 조금 혼란스러워진다. 한국 사회에서 나의 역할은 사회 보장 서비스에 속하는가, 아니면 보편적인 자본주의 시장 논리 안에 존재하는가.

개원의가 되고 나니, 정체성의 혼란은 좀 더 깊어진다. 내가 원하는 대로 운영할 수 있는 병원이기에 좀 더 사회 보장 서비스에 가까운 활동을 많이 하고 싶지만, 그러기엔 자본 시장 논리 역시 진지하게 의식해야만 하는 냉혹한 현실이 존재한다. 아직은 개원한 지 얼마 되지 않아 그런지도 모르겠으나, 의식과 시선은 점점 전자보다 후자에 향하고 있다. 일차 진료 방문 주치의 사업이나 장애인 건강주치의 사업 등의 방문 진료 사업, 예방접종과 전염병 대응 등의 국가위탁 의료 기관으로서의 역할은 국가가 요구하는 조건이나 이수해야 할 교육이 너무 많고, 자료 작성이나 보관, 시설 관리 조건 등이 너무 번거롭다. 책정되는 수가(비용)도 한계가 있어 몇 가지 위탁 사업을 제외하면 병원 수익에 그다지 도움이 되지 않는다는 생각이 자주 든다. 반면, 내 능력과 자본 논리하에서 펼칠 수 있는 도수 치료나 충격파 프롤로 주사 등의 비급여 의료 행위는 자발적이고 자율적인 학습이 가능하고, 주변 병원과의 가격경쟁만 의식하면 비교적 쉽게 시행이 가능하다. 수가(치료비)도 스스로 정할 수 있고, 상대적으로 비용도 높기 때문에 개원의 입장에서는 유혹적이기까지 하다. 건강 보험이나 심평원이 주도하는 사회 서비스 사업에 적극적으로 참여하자니 번거로운 제도적인 기반이 많아 성실하기 어렵게 만드는 측면이 있다.

정체성의 혼란을 느끼는 나는, 의사로서의 정신적·심리적 불안이 있어서일까? 아니면 직업적 윤리의식이 부족해서 이러는 것일까? 이런 질문을 떠나 분명한 사실은 나는 불안하다는 것이다. 의사로서의 정체성이 불안하다는 의미가 아니다. 의사라는 정체성을 가지고 언제나 요동치며 움직이는 사회 구조의 어느 위치에 서 있어야 할지 판단이 어려워 불안하다. 앞서 말했지만 현실은 위치를 알면서도 그 자리에 쉽게 서지 못하게 하는 면이 자명하기 때문이다. 사회 보장 서비스라는 반자본적 위치와 자본주의라는 자본 본연의 위치 사이에서 갈등하는 것은 나뿐 아니라 한국 사회에서 활동하는 모든 의사의 처지이다.

구조적인 관점에서 의사가 개원하는 과정은 철저히 개인에 의해 이루어지며 자본의 논리를 따른다. 개업에 관한 모든 과정에 국가의 도움을 받지 않는다. 심지어 의사가 되는 과정조차도 말이다. 그렇게 준비해서 자기 병원에서 진료를 시작하는 순간, 의사는 사회 보장 서비스 정신과 일말의 봉사 정신을 암묵적으로 강요당한다. 어렵게 대출까지 받아 가며 자금과 경영의 압박을 홀로 감당하며 병원을 차린 의사로서는 당황스럽다. 의사의 봉사와 희생은 학생 때 많이 강조되는 내용이었고 히포크라테스 선서에서도 강조되지만, 그러기 힘든 현실에서 이게 말이 되나 싶어진다. 자본주의라는 허허벌판에 온전히 내쳐졌는데, 일단은 스스로 생존을 도모해야 하지 않겠는가 하는 생각만 가득해진다. 반드시 생존하겠다는 다짐이 없어도, 개원의는 대출을 갚고 월급을 주고 병원을 관리하고 내 몫을 챙기는 자본가로서의 활동을 충실히 수행하게 된다.

이것은 의사가 심성이 비뚤어져서 이러는 것이 아니다. 자본주의 구조 안에서 살아간다는 것, 그것은 구조 안의 존재에게 구조의 룰을 지키라 강요하기 때문에 발생하는 현상일 뿐이다. 마르크스는 자본주의의 주인은 자본 그 자체라고 했다. 노동자는 자본가에게 착취를 당하고, 자본가는 자본을 굴려야만 하는 존재다. 결국 노동자든 자본가든, 자본 그 자체의 노예일 뿐이다. 노예가 생존을 위해 각자 발버둥 치는 것은 당연한 일이다. 그렇다면 자본주의 아래 놓인 개원의가 봉사와 희생보다는 병원을 열심히 경영해서 돈을 벌고 자본을 굴리려 노력하는 일은 너무도 당연하다. '돈만 밝히는 의사 나부랭이'라고 비난하는 이들이 되려 이상한 사람들이다. 이쯤 되면 우리는 한국 사회에서 의사의 모습이 왜 이렇게 왜곡되어 있는지 어렵지 않게 짐작할 수 있다. 자본주의라는 구조에서 비롯된 현상일 뿐이다. 의사 보편의 비뚤어진 이미지들……. 그것은 의사 보편의 심성이 비뚤어져서가 아니다. 구조의 문제이다.

개원의, 자본가와 노동자 그 사이

병원이라는 공간 안에서, 환자에게 내려지는 모든 의학적 판단과 처방은 의사에 의해 내려진다. 진료란, 환자의 증상과 이야기를 듣고 의학적 지식과 경험을 가진 의사가 적절한 처방을 내리는 행위이다. 그러니까 환자에게 이루어지는 모든 의학적 행위는 의사에 의해 결정된다. 의사의 판단 없이는, 간호사 또는 조무사나 물리 치료사가 임의로 환자에게 의료 행위를 할 수 없다. 환자를 볼 때마다 우선적이며 자동으로 차트에 입력되는 초진 진찰료 또는 재진 진찰료는 이런 이유에서다.

내가 경영하는 병원에서는 초음파, 위대장 내시경, 통증 주사, 물리 치료 및 도수 충격파 치료를 시행한다. 나는 기본적인 진료 행위뿐 아니라 초음파와 위대장 내시경, 통증 주사 등의 검사와 시술을 직접 시행한다. 간호사의 채혈 및 수액 처치, 방사선사의 X선 사진, 물리 치료사의 물리 치료 및 도수 치료, 충격파 치료는 모두 의사인 내가 일차로 처방해야만 가능한 행위이다. 그 행위는 내가 직접 시행하는 진료와 검사 및 처치 이후에 내려지는 처방이다. 그러니 모든 행위의 주체와 행위에 대한 일차적 책임은 전적으로 의사이자 원장인 나에게 있다.

마르크스의 이론에 따르면 자본가는 '자본 운동의 주인이 아니라 그것을 수행하는 존재일 뿐'이다. 따라서 자본가는 그저 '인격화한 자본'이다. 그리고 자본가에게 노동자는 '인격화한 노동 시간'이다. 법정 노동 시간을 기준으로 노동자의 노동 시간을 임금이라는 수단으로 구매했기 때문이다. 그러면 자본가는 노동자에게 노동 시간 동안 노동을 지시하면 될 일이다. 그런데 의사는 노동을 지시하면서도 직접 노동을 수행한다. 의사는 직접적으로 환자를 진료하는 존재이며, 검사나 시술 같은 모든 의료 행위에 있어 의사 본인의 판단과 책임을 요구하기 때문이다. 그렇다면 개원한 의사는 자본가이면서 동시에 노동자일까? 의사라는 업무의 특별한 상황은 이 지점에서 발생한다.

우리는 보통 자본가라 하면 노동하는 존재를 떠올리지 않는다. 노동보다는 회사를 경영하는 존재로 인식한다. 사실 그렇다. 삼성의 총수가 갤럭시 핸드폰을 만들지 않고, 엘지의 사장이 냉장고를 만들지 않는다. 심지어 핸드폰이나 냉장고를 만드는 원리나 공정에 대한 이해조차도 없다. 하지만 그들은 핸드폰이나 냉장고를 만들어 내고 이윤을 창출한다. 그것은 그들이 '인격화한 노동 시간'인 노동자에게 임금을 주고 일을 시키기 때문이다. 그들이 경영하는 기업은 핸드폰이나 냉장고를 만드는 공정을 이해하고 설계하며 직접 몸을 움직여 상품을 만드는 노동자들을 구성하여 움직이게 한다. 자본가는 노동자들을 구성하고 움직이게 하여 만들어 낸 상품을 통해 이윤을 만들어 낸다.

그러나 개원한 의사들은 고용한 노동자들을 구성하고 움직이게 하면서 자신도 직접 몸을 움직여 의료 서비스라는 무형의 상품을 만들어 낸다. 자본가와 노동자가 함께 만들어 낸 합작품이라고 말할 수도 있겠다. 그리고 개원한 의사는 경영도 직접 해야 한다. 의사는 정체성의 혼란을 이중으로 겪는 셈이다. 의사는 자본가인가 또는 노동자인가, 인격화한 자본으로서 자본을 축적하는 존재인가 또는 환자를 진료하는 의사의 인격 그 자체인가.

자본가인가 노동자인가의 문제로 보자면, 개원한 의사는 일반 영세 자영업자와 별다른 차이가 없는 존재다. 길을 가다 들른 작은 식당의 사장은 주방과 계산대를 오가며 음식을 만드는 노동과 식당 경영이라는 두 역할을 충실히 행한다. 동네 치킨집이나 편의점 역시 주인이 직접 닭을 튀기며 하루의 매출을 정산하고, 주인이 진열대를 정리하고 계산대에서 손님이 가져온 물건을 계산한다. 자본가와 노동자의 정체성이 분리되지 않는 존재들은 항상 나은 처지를 꿈꾼다. 예를 들어 식당 사장은 손님이 많아 돈을 많이 벌면 주방에서 일할 사람을 고용하고, 분점을 내고 결국 프랜차이즈를 만들어 본인은 경영에만 신경 쓰고자 한다. 의사도 마찬가지다. 병원이 잘 되어 이윤이 많아지면, 부원장을 고용하거나 프랜차이즈 병원을 만들어 고정적으로 들어오는 수익을 만들고 본인의 진료 시간은 최소화하려 한다. 경영을 중점으로 신경 쓰며 진료실에 매여 있는 시간을 조금이라도 줄이려 한다.

병원의 개설과 운영이 자본주의적인 상황에서 이런 현상은 누가 보아도 비난의 여지는 존재하지 않는다. 비난이나 비판의 여지는 되려 사회 안에서 의료의 역할은 무엇인가에 대한 고민이 의료의 자본주의적 현실과 충돌할 때, 윤리나 도덕을 강요하는 형태로 발생한다. 의료의 법적 부담과 환자에 대한 책임, 그리고 경영에 필요한 고정 비용의 규모와 자격증을 가진 이들에게 주어야 할 임금의 규모를 생각하면, 자본가와 노동자의 정체성이 뒤섞인 채로 자리를 지켜야만 하는 개원의의 신세는 버겁기만 하다.

실제로 진료를 열심히 해서 돈을 많이 벌면 부원장을 고용하고 원장은 자신의 시간을 좀 가져 보라는 조언을 많이 듣는다. 하지만 그것이 말처럼 쉽지 않음은 개원한 의사들이라면 누구나 다 깨닫는다. 진료 시간은 되도록 길어야 병원의 수익이 늘고 환자들의 불만이 줄어든다. 부원장을 고용하면 그 의사에게 지급해야 하는 임금은 세금까지 포함하면 엄청나게 높아진다. 더구나 환자가 특정 의사와의 친밀과 익숙함을 이유로 병원을 찾는 성향이 강한 동네 의원에서 진료실에 다른 의사를 앉히는 일은, 위험 부담이 큰 모험을 감행하는 일과 다르지 않다. 올 때마다 마주하던 의사가 자리를 비우고, 그 자리에 다른 의사가 앉아 있는 모습을 본 환자는 더 이상 찾지 않거나 마지못해 진료받으러 내원한다. 내가 제주의 작은 읍에서 일 년간 부원장으로 근무할 때, 나를 찾는 환자의 비율은 전체 환자의 20퍼센트를 넘지 못했다. 차병원이나 길병원처럼, 작은 의원에서 시작해서 3차 의료 기관인 대학병원까지 일구어 내는 그래서 원장이 오로지 경영에만 신경 쓸 수 있는 순수 자본가가 되는 일은 이제 아주 먼 과거의 이야기가 되었다.

현재의 한국 사회에서 개원을 한 의사의 운명은 결국, 자본가와 노동자가 뒤섞인 정체성을 길게 받아들일 수밖에 없다. 따라서 한국 사회에서 개원한 의사의 마인드는 사회적 책임을 의식하는 위치보다는 소규모 자영업자의 마인드에 가깝다고 볼 수 있다. 물론, 평균적인 수익 규모가 일반 자영업자보다 많고, 상대적으로 경쟁이 치열한 일반 소규모 자영업과 비교될 수 있는지에 대해 비판의 여지는 많다. 하지만 단순히 수익이 많다고 해서 그리고 경쟁이 상대적으로 덜하다고 해서 개원한 의사에게 남다른 의식과 자세를 요구하기엔 무리가 있다. 한국 사회에서 개원의는 열심히 자본을 굴려 이윤을 만들고 자본을 축적해야 하는 '인격화한 자본'이기 때문이다. 거기에 노동자의 정체성이 더해져서 의사는 심리적·감정적 부담을 안아야 하는 신세이다. 의사가 개원을 하는 목적이 의사 역할 그 자체로 순수할 수는 있다. 동시에 개원은 봉직의나 이전의 위치에서보다 좀 더 많은 수익을 올릴 수 있을 것이라는 기대 역시 존재한다. 어느 목적으로 개원을 하든 간에 개원의는 '인격화한 자본'의 역할을 피할 수 없다. 그리고 개원과 동시에 의사는 구조와 제도가 강요하는 정체성의 뒤섞임과 혼란에 스스로 빠져든다. 의사가 자신도 모르게 투덜이 스머프가 되어 가는 이유다.

자본론적 구조 안에서 자본가의 소득은 경영이나 노동의 대가가 아니다. 나중에 자세히 이야기하겠지만, 자본가의 수익,

즉 이윤은 생산 수단을 사적으로 소유하고 있기에 자연스레 자신의 것으로 인식하고 가져가는 대상이다. 핸드폰을 만들지 못하는 삼성의 총수나 냉장고의 생산 원리를 이해하지 못하는 엘지의 사장같이 이윤은 노동을 열심히 하거나 일을 잘하는 것과는 무관하다. 노동의 관점에서 보면 이는 독식 행위나 다름없다. 개원한 의사도 마찬가지다. 개원한 의사는 생산 수단을 사적으로 소유하는 존재다. 그러기에 임금을 주고 임대료나 고정 비용을 지출하고 남은 모든 이익을 가져간다. 그런데 의사는 자본가와 노동자로서의 정체성을 동시에 가진다. 원내에서 행해지는 의료 행위의 책임마저도 전적으로 부담한다. 그렇다면 의사의 이윤 독식 행위에는 보편적인 자본가와 다르게 합리적 이해나 일말의 긍정을 끌어낼 수 있지 않을까? 이윤의 전부를 의사의 노동력에 대한 대가라고 하기엔 상당한 무리가 있다. 하지만 이윤의 일부를 의사의 노동의 대가로 상정한다면, 의사는 일하지 않고 이윤을 독식하는 자본가의 이미지와는 거리감이 있다는 일말의 위안이 생기는 것이다. 실제로 의사들에겐 스스로 몸을 움직이고 직접 판단하여 환자를 돌보고 치료한다는, 일종의 장인 의식 또는 장인 정신이 존재한다.

생산 수단을 소유한 개원의 또는 자본가

아침이면 나는 먼저 출근한 직원들이 진료 시작 전 준비와 정리를 마친 대기실을 지나 진료실로 들어선다. 진료복으로 갈아입고, 차 한 잔 끓일 물을 준비한 다음 진료 프로그램을 켜고 잠시 혼자만의 시간을 가진다. 진료 시작 10분 전, 프로그램 대기 환자 창에 진료 환자들이 하나둘 나열되기 시작하면 바로 현실적인 생각에 빠져든다. 오늘은 환자를 얼마나 볼 수 있을까? 오늘은 매출이 좀 나와 주려나? 하는 생각 말이다.

인간이 어떤 대상에 자신의 노동을 가하여 소비하기에 적당한 상태로 변화시키는 과정을 '생산'이라고 한다. 생산은 원시시대부터 현재의 고도로 발달한 문명 시대까지 인간의 생존에 반드시 필요한 작업이다. 그리고 사회가 점점 복잡해지고 고도화되면서 사회구성원들이 종목을 나누어 생산하고 그것을 다시 분배하는 방식을 고안해 냈다. 이를 '사회적 분업'이라고 한다. 의료는 사회적 분업이 일반화된 세상의 어느 위치에 자리하여 제 역할을 담당하고 있다.

그렇다면 의료 역시 생산을 담당하는 분야라고도 볼 수 있다. 그러니까 의사와 병원의 의료 인력들이 환자를 진료하고 처치하는 일은 무형의 형태 또는 가치를 생산하는 일이라고 볼 수 있다. 그리고 사회적 분업 내에서 생산은 반복해서 이루어져야 한다. 각자의 종목을 생산하는 사회성원 간에 지속적으로 분배가 이루어져야 하기 때문이다. 따라서 의사는 환자를 지속적으로 진료를 해야 한다. 병원에는 환자가 지속적으로 공급이 되어야 하는 것이다. 정말 그래야 하는 것인가? 자본 논리로 설명을 하자면 맞는 이야기인데, 환자가 지속적으로 공급이 되어야 한다는 말은 우리의 인식으로 납득이 되는 논리인가?

그런데 현실에서는 정말로 환자가 지속적으로 공급되어야 한다. 아니, 좀 더 자연스럽게 표현하자면, 병원에 환자가 많이 내원해 주어야 한다. 그래야 병원이 유지가 된다. 나는 하루에 적어도 몇 명 이상의 환자를 진료해야 병원 운영이 가능하고, 진료하는 환자 중에서 얼마만큼의 환자가 소위 돈 되는 검사나 시술을 받고 비싼 영양수액을 맞아야 운영에 여유가 생기는지를 가늠한다. 그래야 나도 병원을 운영하는 자본가로서 이윤을 남길 수 있기 때문이다.

병원은 공공성과 배려의 정신이 있어야 한다고들 하지만 현실은 인지부조화의 아수라장이다. 인지부조화의 말은 멀리 있지 않았다. 당장 내 주변의 지인들은 '어떤 병원에 가서 진료를 받으면 진료비가 너무 나오던데, 이거 과잉 진료 아니냐?'라고 불쾌한 기분을 스스럼없이 드러내면서도 나에게는 '열심히 진료해서 건물 하나 세워야지!'라고 적극적으로 독려한다. 현실을 적극적으로 살아야 하면서도 현실에 깊이 집중하지 못하는 나로서는 매우 혼란스럽기만 하다.

현실은 너무 진지하고 엄격해서, 나는 정말로 환자를 많이 보고 열심히 진료해서 개원에 투자했던 대출금을 갚아야 한다. 내가 교과서적인 진찰과 적절한 처방으로 환자를 본다고 건강보험이 인센티브를 주거나, 은행이 대출이자를 낮추어 주거나, 건물주가 임대료를 깎아 주지 않는다. 직원들의 임금은 최저임금이라는 마지노선과 업계와 지역 내에서의 보편적인 수준이 존재한다. 소모성 의료용품과 구입하는 약품들은 언제나 시장 논리에 따라 가격이 오르내린다. 구입한 장비는 항상 정상적으로 작동하는 것은 아니다. 고장일 경우 애프터 서비스 비용을 항상 염두에 두어야 한다. 게다가 의료용 장비들은 가격도, 수리비도 너무 비싸다. 그러니 나는 단 한 명이라도 환자를 더 많이 보아야 하고, 조금이라도 비싼 검사나 처치를 권유해야 하지 않겠는가. 한국 사회에서 의사가 개원하여 병원을 운영하는 일은 이렇게 철저히 자본주의적이다.

생산을 진행하는 데엔 토지(임대 공간), 기계(의료 장비), 원료(의약품 등), 노동력이 필요하다. 이중 노동력을 제외한 것들을 생산 수단이라고 한다. 만일 생산 수단을 서너 명이 같이 투자하여 갖추고 함께 소유한다면, 생산물은 그 서너 명의 투자자들의 몫이다. 입원과 수술이 가능한 병원을 의사 서너 명이 같이 개원하여 운영하고 이윤을 서로 나누어 가지는 경우가 그렇다. 만일 생산 수단을 사회가 소유하고 운영한다면 생산물은 사회의 몫이 된다. 그러니까 개원 과정을 사회가 공적으로 진행하고 그 안에서 의사가 진료를 한다면, 그 병원의 생산물 즉 이윤은 사회의 몫이 된다. 한국 사회에 흔적처럼 남은, 10퍼센트도 안 되는 공공 의료 기관이 그 예라고 할 수 있다.

생산 수단이 개인 또는 소수의 소유냐 아니면 사회 또는 공공의 소유냐의 의미 차이는 비교적 명료하다. 상품을 생산하는 사회에서 모든 생산자는 사회의 필요보다는 자신에게 이익을 가져다 주리라 기대하는 것을 생산하기 때문이다. 생산 수단을 오롯이 홀로 소유한 나는 병원에서 환자를 많이 봐야 하고 비싼 시술이나 처방을 내려야 한다. 그래야 내가 이익을 얻을 수 있기 때문이다. 그러나 생산 수단이 사회 또는 공공의 소유라면, 공공의 이익에 부합하는 형태 또는 적절한 양으로 진료를 보게 될 것이다. 그렇다고 내가 무턱대고 공공 의료나 공공병원을 주장하는 것은 아니다.

한국 사회의 공공성이라는 부분에는 몇몇 비판점도 존재하고, 공공병원 자체가 마냥 합리적이고 적절한 의료 서비스를 제공하는 것만은 아니기 때문이다. 적어도 날 것 그대로의 자본주의적 상황만 아니라면 의사가 자신의 이윤만을 위해 병원을 운영하지 않을 수도 있음을 이야기하는 것이다. 이윤 추구의 성향을 비판하는 관점에서는 다행하게도 우리에겐 건강 보험이 통제하는 의료 수가가 존재한다.

따라서 내가 운영하는 개인 병원은 그리고 나처럼 개인 또는 소수가 공동으로 운영하는 거의 모든 병원은 각자의 이익을 위해 열심히 뛰고 있는 셈이다. 한국 사회에서 사립 병원 비율이 90퍼센트라고 하면, 그 수많은 병원이 각자의 이익을 위해 분주하게 경쟁하고 있다. 자본주의 사회에서는 생산에 관해 생산자 차원의 계획은 있어도, 사회 차원에서는 아무 계획이 없다. 어떤 생산물이 그 사회의 필요에 얼마나 부합하는가는 시장을 통해 사후에 확인이 가능할 뿐이다. 그렇다면 그렇게 열심히 뛰고 있는 각자의 병원은, 그런 병원을 모아서 한 덩어리로 두고 사회적 관점에서 바라보자면, 병원의 생산물 즉 사립병원의 의료 행위는 사회적 필요에 부합하고 있는 것일까? 진지하게 생각해 볼 일이다. 실손보험을 통한 비급여 진료의 과다 청구, 그리고 실제 진료 결과와 연관 없는 진단과 시술을 끼워 넣어 부당하게 청구하는 일들을 보면 '사회적 필요에 부합'이라는 말은 그다지 다가오지 않는다.

의료를 자본주의적 관점에서 바라보는 일은 조금 버겁다. 노골적으로 자본의 논리에 대입하기에도 무리가 있다. 그렇다고 자본 논리에서 떼어놓으려니 의료가 그 안에 존재하기에 그럴 수도 없다. 그렇다면 의료는 어떻게 하면 정치와 사회와 경제의 구조 안에서 적절한 위치를 찾을 수 있을까? 사실 역사적으로 보면 의료는 정치사회 현상의 변두리에 존재했다. 계급적으로도 의사는 중인의 위치였으며, 문학 작품 속에선 귀족들의 생활을 유지하기 위한 보조적 역할을 담당하는 묘사가 대부분이다. 의료가 전면으로 나선 것은 세계 대전에 따른 절대적 필요와 그 시기에 이룬 기술 발달이 경제적 관점에서 주목받았기 때문이다. 하지만 의료는 수시로 윤리와 봉사의 정신을 강요받았고, 사회 서비스의 관점에서 주로 다루어졌기 때문에 자본의 논리를 제대로 펼칠 수 없었다. 자본주의 안에서 의료는 태생적 모순을 피할 수 없는 것이다. 의료는 정말 모두가 납득할 수 있는 구조 안에서 합리적 위치를 찾아낼 수는 없는 것인지 항상 품는 의문이다.

의료의 교환 가치

모든 노동 생산물은 사용 가치를 갖는다. 사용 가치란 생산물 자체가 가지는 속성을 말한다. 예를 들어 목수가 탁자를 만들었다면, 탁자의 사용 가치는 음식을 올려놓고 식사를 하거나 책을 올려놓고 읽는 데 있다. 농부가 밭을 일구어 무를 길러 내고 귤나무를 가꾸어 귤을 거둔다면, 무와 귤은 사람이나 동물이 먹거나 음식을 만들고 가공을 하는 재료로서 사용 가치를 지닌다.

의료도 마찬가지다. 나는 외과 의사였다. 전문의 자격증은 외과의지만, 실질적으로 칼을 놓은 지는 수년이 흘렀기에 과거형을 사용했다. 내가 수련의 시절 배워 익힌 복강경하 충수절제술, 담낭절제술, 위절제술 등은 각각 문제가 생긴 충수와 담낭과 위를 복강경 기계를 활용해서 절제한다는 사용 가치를 가진다. 위의 예시와 한 가지 차이점이 있다면, 탁자나 무와 귤은 형태가 있고 만질 수 있는 사물이라면, 내가 지닌 절제술은 형태가 없다는 점이다. 지금은 개원하여 일반의의 형태로 활동 중이니 현재의 내가 하는 의료 기술을 예로 들자면, 신경차단술, 프롤로 주사, 피부 또는 피하 종물절제술 등이 있다. 신경차단술은 통증을 유발하는 신경과 주위 조직에 약물을 넣어 환자의 통증을 경감시키고, 프롤로 주사는 약해진 인대에 약물을 주입해 증식을 유도하고 강화시켜 환자의 통증을 경감시키는 데 사용 가치를 지닌다. 종물절제술 역시 말 그대로 피부의 종물이나 피하의 지방종 같은 것을 국소마취하에 절제해 내는 데 사용 가치가 있다. 내가 하는 의료 시술이나 처방은 이렇게 자체로서 가치(사용 가치)를 지닌다.

노동 생산물이 시장으로 나오면, 사용 가치보다는 교환 가치를 더 중시하게 된다. 즉, 타인의 소비를 위한 노동 생산물로서, 합의된 가치에 따라 타인의 노동 생산물과 교환한다. 무 한 상자가 쌀 5킬로그램과 동일한 가치를 가진다는 합의가 있다면 무를 생산한 농부는 쌀이 필요하다면 쌀 5킬로그램과 자신의 무 한 상자를 교환할 것이다. 이 과정은 인간 역사의 오랜 과정을 거쳐 만들어진 화폐라는 한 사회의 공통 단위로 통일되어 교환 행위가 이루어진다. 무 한 상자의 가치를 화폐의 양으로 정하여, 농부는 정해진 양의 화폐를 받고 무를 판매하는 것이 현재 시장에서의 교환 방식이다. 그리고 무 한 상자의 교환 가치를 화폐의 양으로 표현한 것이 가격이다.

의사가 시행하는 진료 행위나 시술 등이 시장에서의 교환 가치나 상품으로써 설명이 가능한 이유는 결론적으로 가격이 매겨지기 때문이다. 의료 행위는 일반적인 상품의 속성만으로 설명하기 어려운 부분이 많다. 사용 가치를 이야기했지만 어쨌든 유형의 생산물이 생기는 것이 아니다. 교환을 이야기하지만 무엇과 교환을 하는지도 분명하지 않다. 하지만 모든 행위에 가격이 매겨지고 그에 따라 환자는 비용을 지불하고, 건강 보험에서는 환자가 지불해야 할 비용의 일부를 청구라는 과정을 통해 의사에게 지불한다. 따라서 의사의 진료 행위는 환자의 통증 같은 증상이나 의심 또는 확정되는 진단과 교환한다고 보는 것이 나름 합리적이다. 따라서 의사의 모든 의료 행위는 교환 가치를 가지며, 가격이 정해진 상품으로서 기능한다.

그렇다면 의사는 생산자인가? 의료 서비스를 제공한다는 의미에서는 생산자가 맞다고 볼 수 있다. 의사가 가진 진료 능력과 의료 기술을 환자의 증상이나 진단에 조응하여 행위와 처방이라는 방식으로 서비스 상품을 제공한다. 그리고 그에 따라 정해진 가격을 받는다. 현대 자본주의 사회에서는 모든 것이 가격으로 정해지며, 노동의 결과가 전부 유형의 생산물로 표현되지는 않는다. 무형의 생산물을 생산하는 서비스 노동이 점점 많아지고, 이 역시 수요와 공급에 따라 가격이 매겨지고 변동되는 상품으로 기능한다. 의료 역시 이러한 자본 구조 안에 존재하며, 의사는 의료 서비스를 제공하는 역할을 하기에, 의사는 생산자의 자리에 위치한다.

의사가 생산하는 의료 서비스는 독특한 면이 있다. 자본주의 구조 안에서 거의 모든 상품은 수요와 공급에 따라 가격이 변동되고 결정된다. 일반적으로 수요가 공급보다 많아지면 상품 가격은 오르고, 공급은 많은데 수요가 적다면 상품 가격은 내린다. 수요와 공급은 상대적이면서 시차를 두고 조응한다. 그런데 의료 서비스는 많은 부분에서 공급자가 수요를 창출하는 특성이 있다.

환자가 팔꿈치가 아파서 병원을 찾았다. 의사는 진찰을 해 보고는 테니스 엘보(주관절 외상과염)라고 진단을 내렸다. 통증의 정도나 양상에 따라 다르겠지만, 가장 기본적인 처방은 물리 치료와 진통제 처방, 보호대 정도다. 그러나 의사는 통증의 상태를 보고 팔꿈치에 통증 주사를 맞기를 권하거나, 물리 치료와 함께 충격파 치료를 받기를 권한다. 환자는 자신의 팔꿈치에 생긴 증상이지만, 이를 어떻게 치료하는 것이 옳은가에 대한 지식이 별로 없는 상황에서 의사의 설명과 처방을 바탕으로 판단해야 한다. 환자는 의사의 말을 듣고 곰곰이 생각한 뒤에, "그냥 물리 치료만 받을게요."라고 하거나, "알겠습니다. 주사도 맞고 충격파 치료도 받겠습니다."라고 말한 뒤 정해진 비용을 지불하고 치료를 받는다. 만일 이 상황에서 제3자가 나타나 "왜 그렇게 치료를 받았어?"라고 환자에게 물어본다면, 이렇게 대답할 것이다. "의사가 이렇게 치료해야만 나을 수 있대."

아래와 같이 대답할 환자는 자신이 의사가 아닌 이상 아마 거의 없을 것이다.

"내 외상과의 통증이 VAS score(Visual Analogue Scale score; 시각통증점수)를 따졌을 때 6 이상이고, 의사의 진찰 결과 외상과에 부착된 인대에 손상이 강력히 의심되고 있어. 그리고 이 통증이 한 달 이상 지속되었거든. 그러니 나한테 맞는 치료법은 스테로이드 주사와 충격파 치료를 받는 것이 적절하다고 판단했지."

의사는 환자와의 관계에서 의학적 지식을 독점한 존재이고, 따라서 환자의 진단과 치료를 결정할 능력과 권위를 가지고 있다. 따라서 가장 기본적 수요 외의 추가되는 수요는 대부분은 의사가 만들어 낼 수 있는 영역이다. 여기에 환자의 동의가 이루어진다면 공급 역시 곧바로 이루어진다. 수요와 공급의 조응은 의료 안에서는 제대로 들어맞지 않는다.

의료의 다양한 특징과 문제는 이 부분에서 다시 드러난다. 합리적 진료와 치료가 이루어진다면, 의사는 환자에게 적절한 치료를 권유하고 받도록 설득할 것이다. 그러나 병원을 운영해야 하는 의사 입장에서는 환자에게 적절한 치료 이상의 추가적인 치료를 받게 해야 한다는 욕심에 이끌린다. 조금은 과할 수 있지만, 치료 적응증에 부합하면서도 환자가 이 치료를 받고 빨리 낫는다면 더할 나위 없이 좋을 테니 말이다. 그래서 물리 치료만 받아도 될 증상에 충격파 치료를 권유하거나, 주사를 권유하기도 한다. 자본주의 안에서 생산자는 자신의 이익을 위해 생산하며, 자본가는 이윤을 최대한 축적하기 위해 노력한다.

동시에 이러한 현상도 발생한다. 외상과염이 오래되어서 물리 치료 외에 충격파 치료가 정말 필요한 환자이지만, 건강 보험 적용이 안 되는 충격파 치료는 너무 비싸서 환자가 치료받기를 주저한다. 그래서 실비보험이라는 사보험이 있고, 여기에 가입된 환자는 건강 보험이 적용되지 않는 비급여 항목 치료에 대해 보상을 받을 수 있다. 하지만 실비보험에 가입하지 않아서 비용이 많이 부담되는 환자는 과연 적절한 치료를 받을 수 있는 것일까? 나중에 이야기하겠지만 국가가 보장하는 건강 보험의 문제점은 이런 부분에서 발생한다.

의료 가치는 어떻게 형성되었나

의료 행위의 가치는 어떻게 정해지는 것일까? 모든 의료 행위에는 가격이 산정되어 있다. 가격은 상품(의료 행위 또는 의료 서비스)의 교환 가치를 의미하기도 하지만 상품(의료 행위 또는 의료 서비스) 자체의 가치를 표현하기도 한다. 한국에서 활동하는 의사들의 불만 중 하나는 의료 수가(가치)가 원가보다 낮다는 점이다. 그래서 의사들이 시위나 파업을 할 때마다 빠지지 않고 등장하는 구호 중 하나는 '수가의 정상화'이다.

개인적으로는 의사들의 불만이 터져 나올 때마다 귀에 못이 박히도록 들은 그 구호에 우리나라의 의료 수가가 정말 낮구나 하는 심리적 각인이 저절로 새겨졌다. 그것은 자연스럽게 사회에 대한 불만으로 이어졌다.

그렇다면 원가는 어떤 것인가? 하는 질문이 자연스럽게 떠오른다. 어떤 의료 행위를 객관적인 가치로 산정한 가격인 원가와 그 의료 행위를 건강 보험에서 나름의 기준으로 산정한 가격인 의료 수가(또는 수가)는 어째서 차이가 생기는 것일까? 수가를 비교하는 원가란 대체 어떻게 만들어지고 형성되어 있는가? 그래서 동료 의사들에게 물어보고, 의사들의 모임 게시판에도 질문을 올려보았지만 단 한마디 답변도 돌아오지 않았다. 의사들의 시위 안에서 회자되었던 수가의 수준은 원가의 75퍼센트 정도다. 어느 의료경영학 교수는 현재의 수가가 원가의 90퍼센트 정도 된다고 주장한다. 이들은 원가보다 낮은 수가이니, 진료를 할수록 적자를 면하기가 어렵다고 주장한다. 그래서 비급여 진료를 할 수밖에 없다는 주장이 따라온다.

가장 신빙성 있는 의견은 '알 수 없다'였다. 생산 수단과 노동력이 투입되어 생산된 노동 생산물(상품)도 사실 어떤 기준으로 어떻게 가치(가격)를 매기는지 정확한 기준은 알 수 없다. 노동 생산물(상품)도 그렇지만 의료 서비스 역시 자체로 다양한 형태로 존재하고, 투입되는 자원 역시 가변적이기 때문이다. 그래서 다른 나라의 수가 체계나 비슷한 난도의 수술/시술의 수가 차이를 비교 검토하여 산정한다. 또는 다양한 방식의 연구를 통해 환산 지수라는 방식을 만들어 수가를 산정하는 기준을 만들지만, 그 기준 역시 모호한 것이 사실이다.

우리나라의 의료 수가(건강 보험 수가)의 구조는 일단 이렇다.

의료 수가 = 상대가치점수 × 환산지수 × 가산점수

상대가치점수는 업무량(의사 인건비)과 진료 비용(의료 인력 인건비와 장비 가격 등의 부대 비용), 위험도 비용을 합산하여 상대적 점수화하여 산정한다. 환산지수는 환자에게 제공하는 의료 행위에 대한 보상 방법으로 상대가치 단위 점수당 비용을 의미하는데, 이 지수에 따라 의료비, 처방비, 조제료 등이 결정된다. 가산점은 의료 기관의 종류별로 부여되는 점수다. 구조는 이렇지만 일단 각각의 점수들을 어떻게 설정하느냐는 정책의 결과물이지, 객관적 기준이나 판단의 결과물이 아니라는 데서 문제는 발생한다.

건강 보험의 수가 산정 구조는 이러하고, 원가는 주로 다른 나라의 비슷하거나 같은 수술/시술의 수가를 비교하여 저마다의 방식으로 계산한 결과이기 때문에, 저마다 주장하는 수가와 원가의 비교는 다양할 수밖에 없다. 여러 분야에서 수없이 이루어지는 시술·수술·처방에 대한 의료 수가 자체도 너무 다양하다 보니, 각자가 주장하는 수가는 원가에 비해 낮은 것에서부터 비슷한 수준까지 다양하다. 이 의견에 따르면, 우리나라의 의료 수가는 대략 원가 수준 정도 또는 원가보다 조금 낮은 수준 정도로 추정하고 있다.

내가 종종 시행하는 시술인 척수 후지 신경 차단술을 입력하면 57,950원(2024년 기준)이라는 가격이 시술명 옆에 뜬다. 이것이 술기 자체의 가격이자 가치이다. 건강 보험에서 산정한 수가이기에, 이 가격의 80퍼센트는 청구를 통해 건강 보험에서 지급하고, 환자는 20퍼센트 비용만 계산하게 된다. 어쨌든 수련을 거친 의사로서의 내 노동력과 내가 준비하고 투자한 생산 수단과 약품과 소모성 재료들, 내가 고용한 직원들의 노동력들이 다양한 형태로 녹아들어 척수 신경 차단술이라는 하나의 시술에 응축된 가격이 57,950원이다. 솔직히 잘 받아들여지지 않는다. 게다가 아무리 긍정적으로 받아들여도 이 가격이 그저 원가일 뿐이라고 생각하면 마음이 쉽지 않다. 그저 원가 보존이 높은 시술이라 생각하고 열심히 환자의 허리에 주사를 놓아야, 원가 수준의 가격이 쌓여 발생한 수익으로 나는 병원 경영을 도모할 수 있는 것이다.

의료 수가가 처음부터 낮았던 것은 아니다. 1977년 의료 보험이 본격적으로 시작되기 전, 의료 수가는 시장논리에 충실했다. 병원은 돈이 너무 많이 들어서 정말 많이 아플 때나 가는 곳이었고, 대부분의 1차 의료 수준의 처방은 약국이 담당하던 시절이었다. 당시 대통령이던 박정희는 전태일의 분신 이후로 점점 고조되는 노동자들의 불만을 누그러뜨릴 필요가 있었고, 여러 차례의 긴급 조치로 애써 억눌러 온 정치 불안을 조금이라도 해소할 방안이 필요했다. 더구나 북한과의 체제 경쟁에 따른 의료 정책의 정비와 보강도 신경 쓰지 않을 수 없었다. 그래서 꺼내 든 것이 의료 보험 제도였다.

의료 보험이 제대로 시행되려면 첫째로 가입 인구가 충분해야 하며(가입률이 높아야 하며), 둘째로 보장률이 충분해야 한다. 마지막으로, 형성된 의료 수가를 의사들에게 보장해 줄 수 있어야 했다. 여러 이유로 마음이 급했던 정권은 우선 공무원, 군인, 공립학교 교사들을 대상으로 강제 가입시킨 뒤 급여에서 우선 공제 형식으로 제도를 추진한다. 대신 보험료를 적게 산정하고, 급여율 역시 낮게 잡았다. 그렇게 체계 없이 다급하게 시작한 의료 보험제도였다. 더구나 보험이라는 제도에 대한 이해가 거의 없었던 당시의 국민에게 잘 받아들여질 리가 없었다. 보험료가 비교적 낮았지만, 급여율 역시 낮은 상황에서 당시 시장 논리에 충실했던 의료 수가를 제대로 맞출 수도 없었다. 그래서 정권은 의사들을 설득(또는 강요)한다. 의료 수가를 일단 낮게 산정하고 가입률이 올라가는 추이에 따라 수가를 서서히 올려 주겠다고 말이다. 분명하지는 않지만 당시의 의료 수가는 의료 보험이 시작되면서 50퍼센트 수준으로 삭감되어 시작되었다고 한다.

우리나라의 의료 보험은 시작부터 전 국민 의료 보험이 실현된 1989년까지 겨우 12년이 걸렸다. 세계적으로도 가장 빠른 속도였다. 그러나 가입률이 10퍼센트에서 100퍼센트가 되는 사이, 급여율과 보험료는 거의 증가하지 않았다. 이는 국민이 의료 보험에 대해 긍정적인 인식을 가지게 하는 데 도움이 되었을 뿐 아니라, 국가 입장에서도 큰 재원이 들어가지 않았기 때문에 나쁠 것이 없었다. 이전처럼 돈이 없어서 치료를 받지 못하는 일이 현저하게 줄어들기도 했다. 그러나 의사들은 약속한 의료 수가의 상승 없이 버텨야만 했다. 그런데 이 상황이 의사들에게 불리한 상황만은 아니었다.

첫째로, 시장에 의해 형성되던 의료 수가가 국가의 정책에 의해 반토막이 나 버렸지만, 의료 보험 가입자가 늘면서 병원을 이용하는 환자가 점점 많아졌다. 병원을 찾아오는 환자 수가 많아지자 반토막 난 수가를 메울 수 있는 데다가, 기존의 수가를 채우고도 남을 정도가 되었다. 둘째로, 경제가 급격하게 성장하면서 사람들의 주머니 사정도 점점 나아졌고, 이는 병원을 좀 더 자주 찾게 되는 요인이 되었다. 감기 같은 단순한 증상에도 병원을 찾는 일이 점점 일반화되었지만, 처방을 조금씩만 해서 환자가 병원에 좀 더 자주 오게끔 유도하는 진료 행위역시 일반화되었다. 셋째로, 의료 보험이 보장해 주지 않는 비급여 항목들이 점점 늘어났다. 이는 의료 기술 발달에 따라 의료 항목이 많아지는데, 이를 의료 보험이 따라잡지 못하는 데서 비롯되었다. 또는 좀 더 수익을 올리고자 하는 의료 분야 업계들의 공통된 욕심이 그러한 항목들을 만들어 낸 점도 없지 않다. 이러한 요인들이 시간의 흐름에 따른 적응이라는 현상을만들었고, 과거를 자연스럽게 망각시켜 의사들은 약속한 수가인상을 요구하지 않았다. 단호하게 요구하기엔 군부 독재라는엄혹한 현실도 작용했겠지만, 의사들의 자기 만족에 따른 현실순응 성향과 보수성 역시 생각하지 않을 수 없다.

현재 건강 보험이라는 명칭으로 재정립된 의료 보험 제도는점점 급여 항목을 늘리고 있고, 급여율(비급여 항목을 제외한 총 진료비 중에서 건강 보험이 부담하는 비율)도 70~80퍼센트 수준에 도달했다. 그러나 의료 수가, 즉 의료 행위의 가격(가치)은 크게 오르지 않았다. 매년 책정되는 수가상승률은 과거 반토막으로 시작

• 박재영 지음, 《개념 의료》, 청년의사, 2013

된 수가는 거의 고려하지 않은 채, 물가상승률을 반영하여 조금씩 올리는 정도다. 그것도 물가상승률보다 매번 훨씬 적은 수준으로 반영할 뿐이다. 그렇게 산정되어 흘러온 현재의 의료 수가가 대략 원가 수준이라고 한다면, 과거 시절의 의료의 가치는 과대 평가되었다고 봐야 할까? 모를 일이다. 생산물 또는 서비스의 가치를 산정하는 일은 생각할수록 너무 어려운 일이다. 기준도 계산도 없이 현실을 받아들여야 하는 엄연함만 있을 뿐이다. 그것이 국가가 임의로 책정해서 내놓든, 또는 시장 안에서 이루어지는 논리에 의해 자연스레 산정되어 정해지든 말이다.

분명한 사실이 있다. 첫째로 병원은 비급여 항목을 많이 시행하거나, 원가 보존이 높은 시술이나 검사를 되도록 많이 해서(과잉 진료를 해서) 이윤을 만들어 내고 있다는 점이다. 둘째, 2024년 전반기 벌어진 과도한 의대 증원 늘리기에서 불거진 기형적 의료 시스템과 의료 수가에 대한 여러 비판이 있었다. 이는 주먹구구식으로 시작되어 깊고 견고한 문제를 안고 있으면서도 아무렇지 않게 이제까지 흘러온 전 국민 의료 보험의 역사와 현재의 결과물에서 기인한다는 점이다. 이는 문제가 점점 깊어짐에도 불구하고 현실에 순응하고 안주해 온 선배 의사들의 게으름 또는 매너리즘을 지적하지 않을 수 없다. 또한 문제의 근본을 드러낼 생각은 하지 않은 채, 그저 무식하게 정책만 밀어붙이는 정부의 무책임도 심각한 문제다. 긴 시간 동안 깊이 왜곡된 구조와 현상 때문에 한국 의료의 가치 자체는 그 근본과 기준을 가늠할 수 없는 매우 어려운 존재가 되어 버렸다. 가치에 관하여는 모든 것을 '추정'할 수밖에 없는 현실이 이를 증명한다.

의료 수가와 이윤, 구조적 딜레마 I

우리나라 건강 보험은 급여 영역에서 행해지는 진료비의 약 80퍼센트를 보장한다. 병원에 환자가 와서 급여 영역의 진료를 받고 진료비가 1만 원이 나왔다면, 8천 원은 건강 보험에서 병원에 지급하고, 환자는 2천 원만 내는 구조다. 보통은 그러하다. 현재 건강 보험이 보장하는 급여율도 대상에 따라 20퍼센트에서 80퍼센트까지 다양하다. 문재인 정권 시기, 소위 문재인 케어로 급여 영역의 확대에 따라 벌어진 현상이다. 무릎 연골이 손상된 환자들에게 무릎관절 내 직접적으로 투여하는 PDRN 성분의 관절주사는 급여율이 20퍼센트이다. 복부초음파의 경우 의사가 환자의 증상을 파악하고 초음파가 필요하다고 판단

되면 80퍼센트의 급여율로 초기 검사가 가능하며, 만일 같은 환자의 같은 증상으로 재차 복부초음파를 시행하면 20퍼센트의 급여율로 재검사가 가능하다. 코로나19 바이러스 감염병의 법정 감염병 등급이 4급으로 낮아진 2024년 1/4분기 현재, 신속항원 검사비용은 먹는 치료제 대상군에 한해서 급여율 50퍼센트로 환자가 검사비의 절반을 부담한다.

건강 보험이 산정한 의료 수가는 앞서 말했듯이 좋게 평가해도 원가 수준이다. 건강 보험에 묶여서 진료를 해야 하는 의사 입장에서는 원가 보전이 높은 진료를 되도록 많이 해야 이윤을 많이 만들 수 있다. 예를 들어 척수후지 신경차단술을 시행하는 경우, 57,950원(2024년 기준)에서 주사기와 바늘, 소독약, 기본약제만을 사용하여 시술을 진행해야만 이윤을 최대화할 수 있다. 여기에 좀 더 효과가 좋다고 알려진 약제를 추가할 경우, 그만큼의 이윤은 줄어드는 것이다. 웬만한 국내산 중형차 가격 이상인 초음파 기계를 한 대 도입한 원장은, 초음파 기계를 최대한 많이 사용해서 기곗값 이상의 이윤을 최대한 빠르게 창출하려 한다. 원래 비급여 영역이던 초음파가 급여 영역으로 포함되면서, 원장의 노력은 조금 더 힘들어졌다. 초음파 검사비용

· 2024년 5월 1일부터는 검사 및 치료제 국비 지원이 대부분 종료되었다.

을 낮게 책정했던 원장들은 초음파가 급여화되면서 오히려 높은 수가를 보장받게 되었지만 전문성을 내세워 검사비용을 높게 책정했던 원장들은 오히려 원가 수준의 통일된 급여 항목이 되어 손해가 되기 때문이다. 게다가 급여 항목이 된 만큼 건강 보험이 병원마다 초음파 검사를 얼마나 자주 하는지 감시가 가능해지니, 이전처럼 검사를 자주 할 수도 없게 되었다.

모든 것을 은행의 도움을 받아 스스로 병원을 준비한 개원의는, 당연지정제 및 건강 보험의 수가 통제로 시장 논리에 벗어난 경제 활동을 강제받는다. 개원은 철저하게 시장의 논리에 따라 진행했는데, 개원 이후의 상황은 시장의 논리에서 벗어나 있다. 그러니 답답하다. 하지만 건강 보험이 수가에 따라 대부분의 의료 비용을 보장해 준다는 점을 곰곰이 생각해 보면, 병원이 망하지 않고 버틸 수 있게 국가가 보호해 주는 장치이기도 하다. 원가 보전 비용을 따져 가며 열심히 환자를 보아야 병원 운영비와 직원들의 월급, 자신이 가질 이윤을 겨우 만들 수 있다. 다른 소규모 자영업자들이 날 것 그대로의 시장 논리 속에서 흥보다는 망하는 경우가 많다는 점을 생각하면, 병원은 그나마 안전 장치로서 의료 수가에 의존할 수 있는 것이다. 말 그대로 건강 '보험'인 셈이다.

시장 또는 자본 논리에 노출된 동시에 의료 수가의 통제를 받는 개원의는 어쨌든 개원의 보람(이윤)을 만들려면 주어진 환경 안에서 머리를 써야 한다. 그중 하나가 원가 보존률이 높고 수가가 높은 시술 또는 검사를 많이 하는 방법이다. 허리가 아프다고 하면 척수 신경 차단술을 자주 하고, 배가 아프다면 초음파로 검사가 가능한 진단을 전제하고 복부초음파부터 일단 시행하는 식이다. 이 때문에 건강 보험은 검사의 기준이나 횟수 등을 통제한다. 앞서 말했듯, 초음파의 재검사는 비용의 80퍼센트를 환자가 부담하게 하거나, 신경 차단술은 3개월 동안 10회 이내로 제한하는 식이다. 물리 치료 역시 그렇다. 경피적 신경치료의 경우 한 달에 7회 이하로 한정한다. 물리 치료실을 운영하는 동네 의원이 이런 횟수를 제대로 지킬 수 있을 리가 없다. 물리 치료를 받겠다고 오는 동네 할망, 할아방에게 한 달에 7일만 오라고 말한들 제대로 이해하려 하지도 않는다. 오는 환자들의 진료를 거부하는 일 역시 의료법에 위반될 수도 있는 사안이다. 그들에게 병원 물리 치료실은 싼값에 찾을 수 있는 마사지실이나 다름없는데 말이다. 결국 횟수를 넘긴 치료는 재진비로 감당하며 동네 병원은 운영된다.

이런 상황에서 비급여 수가는 매우 유혹적이다. 급여 수가로 간신히 병원 경영과 적은 이윤을 만드는 상황에서 시장 논리에 입각한 비급여 수가는 곧바로 병원의 수익이자 의사의 이윤이 되기 때문이다. 같은 처지에 있는 다른 병원의 눈치와 경쟁을 보기는 하지만 가격은 보편적으로 원가 이상으로 형성되기에 도입하지 않을 수 없다.

그리고 충격파 치료같이 의학적으로 효과가 검증된 치료법이 건강 보험의 재정 문제로 급여 항목에 아직 포함되지 못한 경우도 많다. 이런 경우 환자들은 실손보험 가입을 통해 의료비를 보장받고 비급여 치료를 받는다. 급여 항목은 전 국민이 건강 보험료를 국가에 납부함으로써 급여 진료가 가능하다. 하지만 실손보험을 가입하지 않거나 못하는 환자는 비급여 항목의 치료가 필요한 경우, 비용 문제로 치료를 받지 못하는 경우도 발생한다. 문제는 여기서 발생한다. 의료 기술의 발전에 따라 필요한 의료 항목들이 급여에 포함되어야 하지만 문제는 보험료이다. 건강 보험료가 상승하면 국민의 세 부담이 증가하기 때문이다. MRI나 초음파 검사 등을 급여 항목에 확대 포함시킨 문재인 케어의 문제점은 이 부분에서 발생했다. 취지는 좋으나 확대된 보장 항목이 합리적으로 필요한 항목인가 하는 문제가 제기되었다. 물론 급여 항목이 확대되어야 함은 다른 관점에서는 맞는 주장이다. 2020년 현재, 급여와 비급여 전체를 포함한 우리나라의 건강 보험 보장률은 65.3퍼센트다. 2017년 OECD 국가의 국민 의료비 총지출 중 공공 의료비의 지출 비율 평균

이 73.5퍼센트인데 비해 한국은 58.2퍼센트였다.

자본주의 사회에서 노동은 철저히 사적으로 수행된다. 내가 노동을 통해 생산한 생산물이 너무 많거나 너무 적어서 사회적으로 문제가 되지는 않을까 고민하지 않는다는 의미다. 나의 이윤을 위해 노동하고 생산할 뿐이다. 하지만 자본주의 사회는 사회적 분업 역시 이루어지는 사회이기 때문에 각 분야의 생산물의 증감에 반응하거나 조절하며 유지된다. 병원을 운영하는 의사 개인으로서는 개원 과정이 철저히 사적이고 자본 논리에 입각했기 때문에 철저히 사적인 노동과 경영 즉 개인의 이윤을 위해 일하게 된다. 이는 지극히 당연한 현상이다. 하지만 의사의 노동과 경영은 어쩔 수 없이 건강 보험의 통제를 받는다. 의료는 분명 사회적 분업을 이루는 하나의 분야이며, 병원이 설령 온전히 사적으로 운영된다 하더라도 분업 안에서 다른 분야와의 관계를 주고받으며 생존할 것이다. 그렇게 생존하는 대표적인 모습이 미국의 의료 시스템일 것이다.

국가가 의료를 국민을 위한 사회 보장 서비스이자 노동력의 유지를 위한 서비스 수단으로 생각한다면, 우리나라처럼 건강 보험을 통한 통제가 합리적인 방법이다. 자본 논리에서 어느 정도 벗어나, 보험료를 징수하고 통제하에 순환시키는 시스템이 필요한 것이다. 개인적으로는 이 통제를 긍정한다. 효과가 검증되거나 합리적인 의료 행위이지만 여전히 비급여인 항목들을 좀 더 건강 보험 영역 안으로 포함시켜야 한다고 생각한다. 하지만 한국에서 병원을 경영하는 의사들은, 철저하게 사적인 상태에서 개원을 하고 사적인 노동을 수행하는 의사들은 구조에 순응하지 못하는 구조적 딜레마에 빠질 수밖에 없다.

의료 수가와 이윤, 구조적 딜레마 II

　비급여 항목 역시 수요와 공급의 법칙에 들어맞지 않는다. 공급자가 수요를 창출하는 특성은 비급여 항목에서도 마찬가지다. 쌍꺼풀 수술을 받고 싶은 사람이 성형외과에 가서 상담을 하는 일은 수요가 발생한 현상이지만, 상담을 받는 사람은 쌍꺼풀에 안면 리프팅과 필러 시술까지 하면 더 예뻐질 수 있다는 성형외과 의사의 설명을 듣게 된다. 공급자인 의사는 그렇게 수요를 발생시키고, 상담받은 사람의 결정에 따르긴 하겠지만, 쌍꺼풀 수술 외의 다른 시술을 추가로 시행하여 수익을 발생시킨다.

　어깨의 석회성 건염이나 팔꿈치의 외상과염, 발바닥의 근막염 등에 시행하는 충격파 역시 마찬가지다. 이 진단들에 충격파 치료는 효과가 있음이 의학적으로 증명되었지만, 건강 보험에서는 급여 적용을 하고 있지 않아서 비급여 항목으로 존재한다. 동시에 효과는 있지만 정확한 간격이나 시술 횟수 등의 치료 원칙이 아직 정해져 있지 않다. 따라서 각 진단에 대해 충격파 치료를 시행하는 데 있어, 며칠 간격으로 몇 회를 하는가는 처방하는 의사의 결정에 따른다. 시술비 역시 제각각이어서 대체로 충격파 시술을 시행하는 주변 병원의 일반적인 시세와 도입한 충격파 치료기의 가격 정도가 시술비를 결정한다. 또는 비급여 항목은 많은 환자가 각기 가입한 실손보험에 의존하기에, 과감하게 시술비를 결정하고 나중에 환자가 실손보험사를 통해 시술비를 지급받는 방식을 취한다.

　실손보험사를 통한 치료비 보상은 종종 사회적 문제가 되곤 한다. 과도한 도수 치료 비용과 치료의 과다 반복으로, 환자가 막대한 치료 비용을 실손보험사에 청구했다는 이야기는 너무 흔한 이야기가 되었다. 피부과에서 피부 미용을 받은 환자에게 도수 치료도 권유해서 패키지로 결제한 다음, 그 비용을 실손보험에 청구한다는 기사도 어렵지 않게 찾아볼 수 있다. 이로 인해 실손보험에 가입이 어려워지고 보험료도 상승하게 되면 국민 한 사람이 감당하는 의료비가 증가하게 되므로 사회적인 문제가 된다. 하지만 사적 이익을 목적으로 노동하고 이윤을 목적으로 병원을 운영하는 의사는, 위법이 아닌 이상 이익과 이윤을 최대한 끌어 올리기 위해 방법을 고민할 뿐이다. 자본의 목적은 축적 그 자체에 있지 도덕성과 합리성에 있지 않다. 돈만 밝히는 의사라는 비난은 그래서 공허하다. 주식이 보편화된 세상이긴 하지만 투기나 다름없는 주식투자를 두고 돈만 밝히는 주식투자자라 비난하는 모습을 나는 보지 못했다. 비급여과다 청구에는 적어도 주식투기에 존재하지 않는 노동과 노동력이 들어 있다.

동시에 경제적인 이유를 포함한 여러 문제로 실손보험에 가입하지 못한 환자는, 꼭 필요한 도수 치료나 충격파 치료를 받지 못할 수도 있다. 받더라도 비급여 항목이라 비싼 치료비를 온전히 자기가 지불해야 한다. 치료의 보편성이라는 관점에서 이는 문제적이다. 치료를 받고 싶어도 받지 못하거나, 가세가 기울 정도로 비용을 지불해야 치료를 받을 수 있는 일은 오래되지 않은 우리의 과거였다. 그리고 지금은 안타까운 일이면서도, '이런 일을 겪지 않도록 국가가 대책을 마련해 주어야 하지 않는가' 하는 문제를 제기할 수 있는 시대이다. 자본의 관점에서는 '돈이 없어 치료를 받지 못하거나, 비싼 비용을 지불하더라도 치료를 받는 일'은 사실 당연한 일이다. 자본은 도덕성과 합리성 따위를 생각하지 않는다. 그러기에 이를 극복하는 제도로서 건강 보험이 있는 것이고, 건강 보험이 보장하는 항목은 늘어나는 것이 우리의 합리적 문제 제기에 합당한 해결책인 것이다.

자본주의 사회에서는 하나의 상품이 있을 때, 그 상품의 가치를 추상적 인간 노동으로 환원할 수 있다. 주식이나 부동산 차익으로 인한 이익을 제외하면, 상품은 무형이든 유형이든 인간의 노동이 녹아들어 있다는 의미이다. 상품에는 인간의 일정한 노동 시간이 가치로서 응고되어 들어 있다. 그리고 자본주의의 역사는 생산성 증대의 역사이다. 기계의 도입 등으로 생산성이 증대하면, 노동량이 줄어들기 때문에 상품의 가치는 하락한다. 손으로 만들어 내던 구두가 기계를 도입하여 좀 더 빠르고 대량으로 만들어 내면 가격이 떨어지는 이치다.

의료는 생산성의 문제에 있어서 아날로그적 측면이 있다. 의료기기를 도입하는 것은 생산성 증대의 목적과는 거리가 있다. 그리고 의료 영역에서는 기계가 인간의 노동을 대체하기 어렵다. 생산성 증대는 단지 노동의 숙련도에 따를 뿐이다. 위암 환자의 위 아전절제술을 시행하는 데 5시간이 걸리는 의사와 3시간이 걸리는 의사의 차이가 생산성의 차이를 만든다. 위 아전절제술을 시행하는 데 개복이냐 복강경을 사용하느냐의 차이는 오히려 기계를 도입한 복강경 방식이 더 오래 걸릴 수 있다. 이 경우 복강경을 사용하는 이유는 상처를 작게 내고 환자의 빠른 회복을 돕기 위해서이다. 마찬가지로 초음파 기계를 좀 더 좋은 것으로 교체하는 이유는 좀 더 빠르게 검사를 하기 위해서라기보다는 좀 더 자세히 관찰하여 병변을 놓치는 일이나 오진을 피하기 위해서이다. 주사를 놓는 일이나 수액을 다는 일을 간호사를 대신해 주는 기계란 존재하지 않는다. 건강 검진 문진표를 작성하는 일이나 온라인으로 접수를 받는 일 역시 디바이스를 활용할 수 있지만, 노인 환자가 많은 병원의 경우 햄버거집 키오스크 앞에서 헤매는 노인들과 마찬가지로 어려움을 겪을 수 있기 때문에 활용은 제한적이다.

따라서 의료는 인간의 노동이 다른 분야에 비해 상대적으로 많이 요구되며, 의료 상품은 인간의 노동이 가치로서 절대적으로 응집되어 있다고 볼 수 있다. 자본 시장에 날 것 그대로 노출되어 있는 미국의 의료 비용이 비싼 이유이기도 하다. 혹자는 미국의 의료 비용이 비싼 이유가 오진이나 합병증에 대한 소송 비용 등이 포함되어 있기에 더 과장되어 비싸다는 주장을 한다. 어쨌든 의료는 생산성의 증대에 따른 상품 가치의 하락, 즉 가격의 하락을 기대하기 어려운 분야이다. 인간의 노동력이 많이 필요하기에 의료 서비스가 정교해질수록 비용은 더욱 상승한다. 그런 특성을 억누르고 있는 것이 우리의 건강 보험이나 영국의 NHS이다. 우리나라의 건강 보험은 해마다 결정되는 수가상승률이 물가상승률에 비해 낮다는 점을 고려하면 오히려 의료 가격은 낮아지고 있다고 볼 수도 있다. 병원이 많아지고 따라서 의료 행위가 많아지며, 급여 항목이 확대되면서 전체 의료 비용은 상승하고 있지만 말이다.

병원을 운영하는 의사가 이런 상황에서 이윤을 늘릴 수 있는 방법 중 하나는 노동력 가치를 낮게 책정하는 것, 즉 임금을 적게 주는 방법이다. 그리고 노동력을 적게 구입하는 것, 즉 고용을 적게 하는 방법이다. 의료는 각각의 직능이 전문 자격증을 가지고 일하는 분야이다. 따라서 노동력 가치, 즉 임금이 상대적으로 높을 수밖에 없다. 하지만 현실은 그렇지 않다. 노동 강도에 비해 의료 인력의 임금은 상대적으로 낮은 추세이다. 우리나라 간호사의 이직률은 악명높다. 신규 간호사가 취업한 지 1년 내에 사직하는 경우가 40퍼센트 정도이며, 코로나19 팬데믹 이후엔 52.8퍼센트까지 치솟았다. 2019년 고용노동부가 발표한 간호사 이직률은 15.2퍼센트인데, 이는 타 분야 이직률 평균 4.9퍼센트의 3배 수준이다. 이유는 태움 등의 특유한 분위기도 있겠지만, 상대적으로 적은 임금과 높은 노동 강도가 주원인이다. 통제된 수가하에 꾸려야 하는 자본주의적 경영은 이렇게 자명한 현상을 드러낸다.

외과의를 포기했던 이유

제주에 내려온 이유는 단순히 일할 수 있는 직장이 있어서였다. 외과 과장을 모집한다는 병원 공고를 보며 어느 지역으로 갈까 고민하다가 제주를 선택한 것은, 내 삶에 있어 신의 한 수였다. 그리고 제주에서 외과 의사의 삶을 펼치던 나는 어쩔 수 없이 외과 의사로서의 삶을 놓고 말았다. 그것은 직업적 정체성을 심하게 뒤흔드는 사건이었다.

내가 외과 과장으로 일하게 된 병원은 200병상 규모의 중소병원이었다. 한때엔 환자가 북적이는 병원이었지만, 주변 상권이 위축되면서 병원도 조금씩 쇠퇴의 길에 놓이는 분위기였다. 그래도 내과, 외과, 소아과, 산부인과, 정형외과, 신경외과, 성형

외과, 방사선과 등의 묵직한 과들이 명맥을 유지하고 있었고, 각 과의 전문의들 역시 진지하게 열심히 진료하고 있었다.

외과의는 나 혼자였다. 이미 몇 년 전부터 외과는 단 한 명의 전문의로 운영되고 있었다. 중요 과의 전문의가 단 한 명이라는 사실이 처음엔 잘 받아들여지지 않았지만, 예전부터 그렇게 운영되고 있음을 모두가 당연시하는 분위기였기에, 이제 막 취직한 내가 문제를 제기하기란 어려웠다. 그리고 내과를 제외한 다른 주요 과와 응급 수술을 감당해야 하는 다른 과들 역시 전문의 혼자서 진료를 보고 있으니 더더욱 군소리 없이 적응해야만 했다.

다른 과를 내가 언급하는 것은 무리가 있다. 나는 그저 외과를 이야기할 수 있을 뿐이다. 사실 수술을 하는 과들이 대부분 그렇지만, 외과를 혼자 감당하는 일은 많이 외로운 일이다. 여러 검사를 통해서 수술을 앞둔 환자의 상태를 두고, 어떻게 수술해야 할지, 어떤 수순으로 수술 전후를 관리해야 할지, 상의할 수 있는 동료가 절실한 과이다. 수술한 환자의 경과가 좋지 않을 때, 이유가 무엇이고 이후 어떻게 치료를 이어 가는 것이 좋을지 상의할 수 있는 동료가 있어야 하는 과이다. 그 수많은 고민을 혼자 감당하는 일에는 내 판단에 스스로 위안 삼고 책임을 온전히 짊어져야 하는 막중함이 따른다. 내가 치료해야 하는 환자는 나와 같은 인격과 몸을 지닌 존재다. 육체적으로도 과중되기는 마찬가지다. 24시간 내내 응급콜 대기 상태라는 사실은, 응급 상황이 그리 많지 않더라도 신경을 곤두세우며 일상을 살아가야 하는 초조함의 연속이다. 그렇게 살아가는 일상이 온전할 리도, 퇴근을 해도 마음이 편안할 리 없다. 그렇게 5년 정도를 근무했다.

어느 날 병원장의 호출을 받았다. 병원장과의 단독 면담 자리에서 들었던 말을 나는 지금도 선명하게 기억한다.

"과장은 본인이 받는 월급의 네 배에서 여섯 배를 병원에 벌어 주어야 해요. 그래야 병원이 운영됩니다. 그런데 외과장은 두 배가 조금 넘는 정도를 벌어오네요?"

한마디로 나는 병원에 도움이 되지 않으니 이제 병원을 그만두라는 말이었다. 병원 수익에 도움이 되려고 열심히 일한 것은 아니었지만, 해야 할 일을 성실하게 해 왔던 시간이었다. 환자가 많은 병원은 아니니 나도 조금은 걱정했던 사안이기도 했다. 외과는 '실과 바늘만 있으면 다 고치는 과'라는 말이 있다. 그만큼 수익에 도움이 될 만한 비급여 항목이 거의 없다. 복강경 수술도 포괄수가제에 묶여 있는 급성 충수염 수술이 대부분이었다. 그러니 내가 점점 게을러져서 수익이 줄어든 것이 아니라면 병원 입장에서 나는 과의 명맥 유지를 위한 수단 정도였을 것이다.

외과는 유방, 갑상선, 대장, 항문, 간담췌, 위, 혈관 등의 세부 분야로 구성된 과이지만, 그렇게 세부과를 나누어 과가 운영되는 병원은 대학병원급 이상의 대형병원 정도다. 대부분의 중소병원은 전문병원이 아닌 이상 두 명 정도가 대부분이고, 나의 경우처럼 단 한 명이 과를 지키고 있는 병원도 부지기수다. 지방의 의료원 진료과만 검색해 봐도, 단 한 명이 외과를 지키고 있는 경우가 대부분이다. 단적으로 말하자면, 대부분의 중소병원은 외과전문의를 두 명 이상 고용하면 수지타산이 맞지 않는다. 굳이 외과만 그런 것은 아니다. 산부인과는 이미 그 이상의 열악한 상황에 놓인 지 오래다. 분만까지 담당하려면 소아과까지 뒷받침되어야 하니, 출산율이 바닥을 찍고 있는 요즘 시대에 분만하는 병원을 찾기가 어려운 이유는 자명하다.

병원은 외과가 정상적으로 유지될 수 있는 최소한의 전문의를 고용하지 않는다. 여러 이유가 있겠지만, 경영을 하는 입장에서 수지타산이 맞지 않는 고용을 할 리가 없다. 이 사실 때문에 나는 외과 과장 자리에서 물러난 뒤, 제주에 남을 것인가라는 심각한 고민을 하게 되었다. 나는 제주에서 외과 의사로서 계속 일하고 싶었다. 그러려면 병원에 취직을 해야 하는데, 알아보는 병원들은 모두 자리가 채워져 있었고, 공백이 생길 여지도 없었다. 내가 계속 외과의로 근무하려면 육지로 나가는 수밖에 없었다. 하지만 나는 제주에 계속 살 생각으로 시 외곽에 땅을 구입하고 집을 짓고 있었다. 다른 의사들은 돈이 조금 모이면 개원부터 하고 그다음에 살 집을 생각할 때, 나는 이상향의 꿈을 안고 집부터 짓고 있었던 것이다. 미련한 것인지, 아니면 제주에서의 삶이 강렬했던 것인지 알 수 없는 일이었다. 나는 결국 제주에 남기로 결정하면서 외과의의 삶을 포기하였다.

우리나라에 의사 수가 부족하다며 의사 수를 늘려야 한다고 한다. 정말 의사 수가 부족한 것인지 살펴볼 필요가 있다. 우리가 흔히 비교하는 OECD 통계를 기준으로 살펴면 , 인구 1,000명당 의사 수가 OECD 평균 3.6명일 때 우리나라 의사 수는 2.51명으로 의사가 적은 것은 맞다. 인구 1,000명당 병원급에 근무하는 의사 수는 OECD 평균 2.17명일 때, 우리나라는 1.27명이다. 또한 인구 1,000명당 병원 외 근무(개원이나 행정 분야) 의사 수는 OECD 평균 1.52명일 때, 우리나라는 1.24명이다. 두 부문 모두 우리나라 의사 수가 적게 나타나지만, 전체 의사 수 비율(3.6명/2.51명)을 고려하면 통계적으로는 편차가 크지 않은 것으로 분석된다.

· OECD Health Care Resource DATA, 2020년 기준

병원과 병상 수를 비교한 통계를 보면, 인구 100만 명당 병원 수는 OECD 평균 29.97개일 때, 우리나라 병원 수는 79.21개로 병원은 월등히 많다. 인구 1,000명당 병상 수 역시 OECD 평균 4.74개일 때, 우리나라 병상 수는 12.65개로, 우리나라의 의료 접근성과 의료 공급 능력이 뛰어남을 알 수 있다. 그런데 병원에 고용된 의사 수는 OECD 평균 90.93명인데 비해, 우리나라는 16.03명이다. 병원에 근무하는 의사 1명당 담당하는 병상 수 역시 OECD 평균 2.18개인데 반해, 우리나라는 9.96개의 병상을 담당한다. 'Treatable Mortality'라는 항목이 있다. '시기적절하고 효과적으로 의료가 개입해서 피할 수 있는 사망률'을 의미하는데, 수치가 낮을수록 높은 의료 수준을 의미한다.   이 항목에서는 우리 나라가 스위스에 이어 2위를 기록한다.

90퍼센트 이상의 병원이 사립인 국가가 우리나라다. 이들 병원이 어떻게 경영을 하고 이윤을 만들어 내는 구조인지는 이제까지 설명한 내용을 통해 어렵지 않게 알 수 있다. 원 내 공간 임대와 환자 식대, 장례식장 운영 등으로 추가적인 수익을 올리고 있음은 이젠 익숙한 모습이다. 그리고 한국의 의사들은 전공의 시절부터 고효율 업무와 과도한 노동에 길들어 있

'대한민국 의사 수는 적지만 부족하지 않다', 청년의사, 2023년 12월 7일 자(https://www.docdocdoc.co.kr/news/articleView.html?idxno=3011832)

다. 병원의 규모와 고용된 의사 수가 보여 주는 심각한 격차에도 의료의 질 유지와 병원의 경영이 가능하다는 사실은, 병원이 의사를 쥐어짜기도 하지만 스스로 과도한 업무에 익숙해져 쥐어짜이는 데 익숙한 의사들의 근무 행태라는, 기이한 구조의 한국 의료 현실을 분명하게 보여 준다.

이윤을 추구하는 자본가의 마인드로 운영되는 병원은 전문의를 충분히 고용하지 않는다. 동시에 전문의가 되어야만 일반적인 의사 행세를 할 수 있는 사회 분위기 속에서 대부분의 의사가 전문의 과정을 수료하고 시험을 치른 뒤 전문의가 되지만, 좀 더 높은 수익을 기대하며 개원가로 이동하기도 한다. 병원에서 봉직의로 일하는 전문의들은 말 그대로 쥐어짜이고, 또한 스스로를 쥐어짜는데 익숙한 채로 의료의 질을 유지하고 있다. 이 복잡한 현실이 의사 수는 많지만, 의사 수가 부족해 보이게 만드는 착시 현상을 유발하는 것이다. 제주라는 공간으로 한정하긴 했지만, 내가 외과 봉직의로서 계속 일하고 싶었으나 일할 자리가 없어 외과를 포기해야만 했던 현실적 이유다. 물론 의사 수의 논의는 이런 보수적인 통계 해석으로만 결론지을 수 있는 문제는 아니다. 1·2·3차 의료 기관으로 나누었을 때, 환자가 원하면 어떻게든 3차 병원에서 원하는 진료를 받을 수 있는 우리나라 의료구조가, 1·2차 병원의 경영에 직접적인 영향을 끼친다. 이를 기업의 독점 또는 과점의 개념으로 접근을 하면, 많은 중소기업이 대기업의 생산 구조에 편입되면서 자신들이 가져가야 할 이윤을 대기업이 착취함으로써 직원들에게 대기업 수준의 임금을 줄 수 없는 현상과 비슷한 면이 있다.

개인적으로는 의료 구조가 좀 더 합리적인 방향으로 개선된다면, 의사 수는 분명 늘어나야 한다고 생각한다. 이 역시 다양한 의견과 방향성이 제시되어야 하는 일이다. 현재 구조에서 외과의는 많지만 외과의가 일할 자리가 없는 현실……. 그것이 의사가 부족하다는 착시를 불러일으킨 것이다. 간호사들이 고강도의 노동과 저임금으로 자리를 이탈함으로써, 간호사는 많지만 간호사가 없는 구조적 원인의 다른 이면인 셈이다. 2차 병원급 이상에서는 숙련된 전문의 인력을 가능한 한 적게 고용하여 진료 시스템의 안정보다는 이윤을 위한 자본 자체의 속성을 철저하게 따르며 운영한다.

2024년 전반의 의대 증원 논란에 찬성하는 의료 단체는 병원협회가 유일하다. 병원을 경영하는 입장에서 병원장으로서는 당연한 결과이다. 의사가 많아지면 임금이 낮아지고 좀 더 적은 비용으로 의사 인력을 고용할 수 있기 때문이다. 아마도 임금이 낮아진다 해도 의사 인력을 충분히 고용하지는 않을 것이다. 이윤 추구는 자본의 어쩔 수 없는 본성이기 때문이다. 정부의 대책 없는 의대 증원은 이렇게 자본 논리에 충실한 현상만 불러일으킬 뿐이다. 의사 증원은 어느 정도가 적정선인지, 증원된 의사들은 어떻게 활용할 것인지에 대한 구체적인 로드맵이 있어야 하지만 정부는 이에 대한 아무런 논리가 없었다. 단 하나, 의사가 많아지면 낙수 효과에 의해 내과·외과·산부인과·소아청소년과 등의 필수 의료이지만 비인기과에 의사들이 알아서 지원할 것이라고 한다. 의료의 기본이자 기둥인 필수 의료과를, 낙수 효과를 통해 마지못해 지원하는 과로 바라보는 무지의 시선이 너무 자연스럽다. 낙수 효과 자체도 현실적으로 전혀 효과가 없는 이론이라는 점은 이미 잘 알려져 있다. 천박한 사고의 소산으로밖에 보이지 않는다. 적은 임금으로 노동을 쥐어짜이는 의사들이 늘어날 것이고, 이는 전공의들이 감당하게 될 가능성이 크다. 힘든 필수 의료과보다는 피부 미용이나 성형 분야의 비급여 분야에서 경쟁만 치열해질 것이다. 의료 시스템의 합리적 변화는 자본의 통제를 기본으로 한 다음, 자세한 구상과 계획이 있어야만 가능하다고 생각한다. 2024년의 의료대란은 이러한 기본적인 고민조차도 없이 밀어붙이는 무식한 난동일 뿐이다.

의료라는 상품의 물신성

나는 병원에서 원장으로 존재한다. 내가 고용한 간호사, 조무사, 방사선사, 물리 치료사는 같은 공간에서 함께 일하는 사람들이다. 그리고 약품이나 소모품 등을 병원에 들이고자, 또는 자기 회사의 약을 처방해 달라 영업하러 오는 제약회사 직원들이 외부에서 병원을 찾아온다. 나는 개원을 함으로써 여러 사람과 관계를 맺었다. 이 관계의 특징은 단순히 내가 사람들이 좋아서 초대하거나 사귄 사람들이 아니다. 계약과 거래를 통해서 형성된 관계이다. 나는 노동력의 가치(임금)를 주고 같이 일하는 사람들과 계약 관계를 맺었다. 내가 선택한 약제나 의료 물품 등을 통해 교환 가치(화폐)를 지불하고 영업사원들과 관계를 맺었다. 내가 맺은 모든 관계의 중심에는 가치(교환 가치)가 존재한다. 즉 화폐를 통해 맺은 관계다.

이 관계는 수평적이지 않다. 내가 아무리 관계를 평등하게 만들려 해도, 내가 맺은 관계들은 계급처럼 수직적이다. 나는 병원 원장으로 자본을 거머쥐고, 직원들에게 급여를 지불하고 영업사원에게 책정된 가격을 지불한다. 노동자를 보호하는 여러 정책과 공급되는 물품의 수급 상황에 따라 내가 있는 갑의 위치가 가끔 흔들리긴 한다. 하지만 대부분 일반적 상황에서 나는 병원이라는 작은 구조 안에서 최상위 위치에 존재한다. 화폐(가치)의 거래 관계란 이렇게 자동으로 수직적 계급 관계를 형성한다.

만일 내가 화폐 거래 관계를 제로로 만들어 버린다면, 나를 중심으로 한 관계는 모두 사라질 것이다. 나는 의사지만 자본을 다루지 않는 상황에서는 관계가 끊어진 간호사나 영업사원과 별다른 수직적 차이가 발생하지 않는다. 인간적인 애정이 좀 남아서 서로 웃으며 이야기를 나누거나 밥 한 끼는 할 수 있어도, 나와 이들과는 더 이상 상관하지 않는 대등한 사이가 되는 것이다.

자본주의 사회에서 가치(교환 가치)는 상품체의 속성이 아니다. 천 원짜리 라면의 수요가 늘어나면 천이백 원이 되다가도,

수요가 줄어들면 팔백 원이 될 수 있다. 만일 라면 자체의 가치를 천 원으로 정해놓으면, 수요나 공급의 변화에 상관없이 라면은 천 원으로만 팔릴 것이다. 교환 가치는 따라서 상품 교환을 위한 사회적 속성이다. 그런데 상품 교환은 자본주의 사회에서는 거의 대부분 화폐를 통해 이루어진다. 교환 가치를 표현하는 화폐는 단일수단으로 상징성이 강력하다. 그러다 보니 사람들은 상품의 가치를 가격(화폐)으로 착각한다. 천 원으로 표현된 화폐의 양(가격)은 단지 교환을 위한 가치(교환 가치)일 뿐인데, 사람들은 라면 자체의 가치를 천 원으로 착각한다. 상황에 따라 라면 가격은 천이백 원에서 팔백 원 사이를 오가는 데도 말이다. 단지 교환 가치일 뿐인데 그것을 상품의 속성으로 착각하고 존중하는 현상을 '상품 물신성'이라고 한다.

상품 물신성은 화폐에서 극단적으로 나타난다. 화폐는 원래 교환 그 자체의 수단으로 만들어진 존재다. 그런데 화폐가 표현하는 숫자는 당연하게 상품의 가치로 받아들여진다. 삼백만 원짜리 냉장고는 단지 화폐 삼백만 원과 교환할 수 있다는 표현이지만, 우리는 냉장고 자체의 가치를 삼백만 원으로 받아들인다. 그렇게 화폐는 자본주의 사회의 모든 상품에 가치를 매기는 표현이면서 속성 그 자체로 착각된다. 가격이 비싸다는 말은 단지 교환을 위한 화폐가 많이 필요하다는 의미이다. 하지만 우리는 비싼 가격을 그 상품 자체의 가치로 여기고, 비싼 상품을 소유하는 것을 하나의 힘이자 계급으로 받아들인다. 이는 화폐를 중심으로 살아가는 자본주의 사회에서는 당연한 현상이기도 하다. 화폐를 통해 자유롭고 다양한 소비가 이루어지고 다양한 가치들이 거래되는 한, 화폐는 대단한 착각의 중심에서 기능할 수밖에 없다.

의료가 서비스라는 형태로 무형의 상품을 제공하는 분야라면, 의료 역시 상품의 물신성에서 자유롭지 않다. 자본주의 사회에 존재하기 때문이다. 만일 의료가 자유로운 시장에 그대로 놓인다면 의료비는 지금보다 훨씬 비싸질 것이 자명하다. 그렇다면 교환 가치가 높은 의료 기술과 지식을 가진 의사는 관계적 측면에서 좀 더 상위 계급에 놓인다. 이는 환자와의 관계에서도 마찬가지이다. 의료비가 상승하면 즉 의료의 교환 가치가 상승하면, 환자의 의료 접근성은 지금보다 좀 더 낮아질 것이다. 미국의 의료 시스템을 생각해 보면 쉽게 이해할 수 있다. 의료 자체의 가치와는 상관없이 교환 가치가 높아질 뿐인데, 의료는 권위와 힘을 가진 존재로서 군림하게 된다. 동시에 의료가 쉽게 사람들에게 다가가기 점점 힘들어지면, 낮아지는 의료 접근성은 사회의 문제로 적극 제기될 것이다.

상품 물신성은 그 사회가 얼마나 상품화되었는가에 비례한다. 우리가 사용하거나 제공받는 유무형의 것들이 대부분 상품으로서 기능한다면, 상품 물신성은 심해진다. 반대로 상품으로서 기능하지 않거나 상품화가 덜 되어 있는 부분이 많을수록 상품 물신성은 덜해진다. 한국의 의료가 그렇다. 한국의 의료는 건강 보험이라는 제도를 통해서 의료의 가치(교환 가치) 또는 수가가 통제된다. 급여 영역을 점점 확대하고 있고, 비급여 항목역시 심평원에 신고하는 제도를 통해 간접적으로 가격 통제를 시도함으로써 의료는 상품화 수준이 점점 덜해지고 있다. 대체로 사회 보장 제도는 그 사회의 상품 물신성을 떨어뜨린다. 사회 보장 제도는 대체로 사회 성원들의 삶에 필수로 여기는 부분을 국가가 통제한다. 교육, 의료, 주거 등이 이에 포함되는데, 한국 사회에서는 의료가 상품성이 가장 덜한 상태로 유일하게 존재한다. 투기로 점철된 부동산 시장은 말할 것도 없다. 교육은 인간다움을 추구하기보다는 사교육 시장까지 형성하며 계급 쟁취를 위한 경쟁 수단이 되었다. 부동산과 교육 모두 이런 이유로 극단의 상품화가 진행되었음을 보여준다. 이에 비한다면 의료는 여전히 사회 보장 서비스로서 간신히 지켜지고 있는 셈이다.

마이클 무어 감독의 영화 〈식코(Sicko, 2007)〉가 보여 주는, 자본주의 구조에 그대로 노출된 미국의 의료 환경을 생각해 보

자. 1997년 구제금융 사태를 기점으로 급속한 경제 개혁을 통해 사회 전반이 급격하고 빈틈없이 상품화한 한국 사회 역시 돌아보자. 상품의 물신성이 극단화된 사회의 민낯은 세계에서 자살률이 가장 높고 출생률이 가장 낮은 우울하고 고단한 모습이다. 우리는 풍부한 상품들을 자유로이 소비할 수 있는 사회에 살고 있지만, 그 이면을 두고 행복하다고 할 수 있을까? 그런 와중에 기이한 구조이긴 하지만 건강 보험을 통해 접근성이 높고 문턱이 낮은 의료 서비스를 받을 수 있다는 사실은 얼마나 다행인가. 그런데 의사들은 마냥 불만에 쌓여 있다. 병원에 가면 의사들은 자꾸 비싼 치료를 권유하며 환자를 불편하게 만든다. 그 이유는 앞서 반복해서 말한 기이한 구조 때문이다. 의사는 의료 서비스의 주체이면서 동시에 이용자이다. 한국의 의료 서비스는 이용자로서는 매우 좋지만, 주체로서는 어딘가 불만족스럽고 답답하기만 하다. 상품 물신성으로 이어지는 어딘가의 어중간한 위치에서 갈팡질팡하고 있기 때문이다.

2024년 전반 2천 명의 의대 증원 계획에는 증원 말고는 아무런 계획이 존재하지 않는다. 지금의 체제에서 의사들만 늘리자는 것으로 보인다. 동시에 수도권에만 집중된 대형병원들의 분원 개원 계획이 드러나면서 약 6천 병상이 늘어날 것이라고 했다. 현재의 구조에서 병원들이 이윤을 남기는 방법은 무엇일까? 첫째 '수준 높은 의료 서비스'라고 포장한 비급여 의료 행위의 증가이다. 둘째, 의료 민영화를 통한 의료 가격의 상승 유도이다. 가장 현실적으로 가능한 셋째 방법은, 가장 저렴한 노동력인 전공의 숫자를 늘림으로써 수련을 빙자하여 알뜰하게 활용하는 것이다. 의대 증원 계획의 숨겨진 목적일 수 있다. 사실 둘째 방법은 아직은 실현 가능성은 낮지만, 자본주의 사회에서 불가능한 일도 아니다. 어쨌든 의료는 점점 상품성이 짙어질 것이고, 상품 물신성의 혼돈 속으로 빨려 들어갈 것이다.

노동의 가치, 의료의 공공성

노동을 거칠게 단순 노동과 복잡 노동으로 구분한다면, 의료
는 복잡 노동에 포함된다. 의과대학 6년의 수업을 거쳐 국가고
시를 통해 의사 면허증을 취득한다. 이후로 인턴 1년과 전공의
과정 3~4년을 거치고, 전문의 시험을 통해 전문의를 취득한다.
전후로 3년 이상의 군의관이나 공중보건의 근무가 있고, 모든
과정을 거친 후에도 전임의나 촉탁의 등의 과정이 있다. 대략
15년 정도, 공부와 수련과 노동이 복잡하게 뒤엉킨 긴 시간을
보내야 우리가 일반적으로 생각하는 의사(전문의) 행세가 가능
하다. 너무 쉽게 만날 수 있어서, 전문의 정도는 되어야 의사 대
접을 받을 수 있는 한국 사회의 현실이기도 하다. 의사뿐만 아

니다. 병원에서 의료 노동을 담당하는 모든 직능, 즉 간호사, 조무사, 방사선사, 물리 치료사, 임상병리사 등이 일정 시간의 교육과정을 거치고 자격증을 취득해야만 일을 할 수 있다. 의료 노동은 이렇게 전문적 교육과 훈련이 필요한 분야이기에 복잡 노동에 속한다.

복잡 노동은 단순 노동에 비하여 좀 더 많은 가치를 생산한다. 의료는 사람의 몸을 다루는 노동이라 더욱 그러하다. 자본주의 사회에서 생산하는 가치의 차이는 임금과 소득의 차이로 나타난다. 의료는 분명 많은 가치를 생산한다. 그 증명은 임금과 소득을 표현하는 화폐의 양으로 판단할 수 있는데, 의사의 임금 또는 소득은 전체 평균 수준보다 훨씬 상위에 분포하고 있음은 자명하다. 수가가 건강 보험에 의해 통제되고 있음을 고려해도 그러하다는 사실은, 의료 노동의 가치가 얼마나 큰 것인지를 생각하게 한다. 물론 의료 노동을 하는 다른 직능들의 임금 수준은 과연 적절한가는 여러 요인을 따져 가며 분석해 볼 필요가 있는 사안이다.

생산하는 가치의 차이는 능력의 차이로 해석된다. 즉, 임금과 소득의 격차로 받아들여진다. 그리고 자본주의는 생산의 목적이 인간의 필요에 대해 충족시키는 것이 아니다. 단순히 자본의 이윤 축적에 있다. 따라서 임금과 소득의 격차는 얼마나 빨리 이윤을 증대시키는가의 의미를 갖는다.

　의대 열풍이 불고 있다. 전국의 의대를 정원만큼 대입 성적 순으로 다 채우고 난 뒤에야 다른 과들이 채워지기 시작한다는 농담이 돌 정도이다. 개인적으로 의대에 지망하는 학생들이 말하는 '봉사와 희생 정신'을 폄하하지는 않는다. 하지만 의대에 들어가고자 하는 전 사회적 열망이 과연 그런 정신을 내포하고 있는지는 매우 의심스럽다. 우리는 자본주의 사회에서 살아가고 있고, 세상은 점점 자본주의의 극단적 모습으로 치닫고 있다. 그 안에서 생산 가치가 크고 임금과 소득이 높은 의사라는 직업을 저마다 가지려 하는 현상은 당연하다. 이는 이 글을 쓰는 지금의 한국 의료 현실을 통해 증명이 된다. 고단하고, 기대했던 것보다 또는 상대적으로 보수가 많지 않고, 법적인 문제에 시달려야 하는 소위 필수 의료과에 의료 인력들이 점점 줄어들거나 지원하지 않는다. 수가의 통제를 피할 수 있고, 고단하지 않으며, 수익이 많은 피부과나 성형외과로 의사들이 몰리고 있다. 인턴과 전공의 과정을 거치는 일이 당연했던 나의 세대와는 달리, 의사 면허증만 취득하고 잠시의 수련을 거쳐 비급여 분야로 진출하는 의사들도 늘고 있다. 얼마 전 신문 기사에는 이런 제목이 달려 있었다.

　"피부과 성형외과로 큰 돈을 번 의사들이 홍대 부근의 대형

건물들을 잠식하고 있다."

　당연한 이야기이지만, 인간은 각자의 능력들이 어우러져야 살아갈 수 있다. 각자의 노동이 존중되고 서로 제공하고 의존하는 관계는 생존에 필수이다. 하지만 자본주의 사회는 노동의 차이가 가치 생산의 차이인 사회이다. 다시 말하지만 가치 생산의 차이는 임금과 소득의 차이로 나타나고, 자본주의 사회의 생산은 인간의 필요 충족이 목적이 아닌 각자 이윤 축적이 목적이다. 단적으로 묘사해 보자면, 생산 가치가 높다고 해서 모두가 의사가 된다면 우리는 생존이 불가능하다. 코로나19 팬데믹 시기는 우리에게 생존과 사회 유지에 필요한 노동을 새로이 바라볼 수 있는 계기였다. 모두가 격리된 세상에서 노인과 장애인을 돌보는 문제, 배달 노동의 문제 등은 누군가의 생존에 절대적인 노동이었다. 절대적이 아니더라도, 생활을 유지하는 데 없어서는 안 될 타인의 도움이었다. 하지만 그것이 팬데믹 시기를 지나며 여전히 존중받는 노동으로 남은 것은 아니다. 사람들은 여전히 생산 가치가 높은 고소득 직종에 관심을 두었고, 삶의 유지를 위한 일반 노동 직종은 다시 관심사의 저변으로 밀려났다. 이 역시 당연한 현상이다. 우리는 각자의 이윤 추구를 위한 자본주의 사회에 살고 있기 때문이다.

　생존과 사회 유지에 필요한 노동이 단순히 의료만은 아니라는 사실은 자명하다. 그렇다면 모든 노동은 의미적으로 비슷한 수준에 놓이며 평등으로 수렴한다(이 지점에서 누군가는 공산주의 또는 빨갱이 논리라고 주절거릴 것이다). 노동이 상품으로 거래되는 자본주의 사회에서 살아가는 우리는 노동의 평등을 생각하지 않는다. 이는 의식하든 의식하지 않든 숨 쉬는 공기나 마시는 물처럼 너무도 자연스럽게 받아들이고 있는 현상이다. 나의 노동(상품)이 적절한 가격(교환 가치)을 통해 거래되길 바란다. 거래는 반드시 공정해야 한다. 공정하지 않으면, 나의 노동이 적절한 가치를 보장받지 못하거나 받아들이기 힘든 방식으로 거래가 된다면, 우리는 분노한다. 그렇다면 건강 보험에 의해 가치를 통제당하는, 상품 교환의 원칙과 룰이 깨진 의료는 공정하지 않다. 하지만 우리는 공정하지 않은 의료체계에 분노하지 않는다. 의사들만 분노할 뿐이다. 왜 이런 현상이 발생하는가. 계속해서 이야기하는 내용이지만, 우리는 건강 보험이라는 전 국민 의료 보험제도에 가입이 되어 있고, 이 제도에 동의하고 있기 때문이다.

원가 언저리 수준의 의료 수가의 통제를 받고 있음에도 의료는 생산 가치가 높다는 사실은 다시 한번 살펴볼 만하다. 이러한 의료 노동 또는 의사라는 직업에 사람들의 관심과 지원이 폭발적이라는 것 역시 의료의 가치란 얼마나 방대한가를 생각하게 한다. 만일 의료가 자본주의하에서 공정한 거래 관계에 놓인다면 어떻게 될까? 우리는 오히려 분노할 것이다. 미국에 사는 조카가 농구하다가 눈 옆을 다쳤는데, 응급실에서 세 바늘을 봉합했다. 그것도 가느다란 나일론 실이 아닌, 검고 굵은 실크 실로 큼직하게 말이다. 그러고는 60만 원을 지불했다고 한다. 공정의 관점에서 당연시하는 의료는 이럴 것이다. 물리치료가 한 회당 10만 원이며, 위내시경을 한 번 받는데 100만 원 가까이 지불하는 세상일 것이다. 따라서 필수 사회제도인 의료는 국가의 통제가 필요하다. 통제를 통해 국가가 의료비를 보장하고 의학적 생존에 과중한 부담이 생기지 않도록 섬세한 제도가 필요하다. 그래서 우리는 과중한 의료비에 분노하지 않는 세상에 살고 있다. 하지만 앞서 말했듯이, 의사는 철저히 자본주의적이고 공정한 거래를 통해 개원을 한다. 따라서 의사들은 분노한다(분노까지는 아니더라도 짜증 정도는 날 것이다).

2024년 전반기에 의사 증원 문제가 논의되었다. 이 글을 쓰는 시점의 의사 증원 문제 논의는 아무리 살펴봐도 정권의 아무 생각 없는 포퓰리즘 정책으로 보인다. 하지만 의사 증원이 정말 필요한가 아닌가는 살펴볼 의미가 있다. 어떤 이들은 의사가 늘면 임금과 소득이 줄어들 것이고, 그러면 의대 열풍도 잠식될 것이라고 주장한다. 의사의 소득이 줄어도 평균 이상은 할 것이니 사회적으로 불만이 강하게 제기될 일을 없을 것이다. 하지만 의사 증원의 문제를 타 직능에 대한 질투와 시기의 관점으로만 바라보는 사회가 안타까울 뿐이다. 현재 구조에서 의사가 증원된다 하더라도 의료에 내재된 자본주의적 속성이 통제되지 않는 한 그리고 지금의 구조가 유지되는 한, 고단한 필수 의료과에 의사들은 몸담으려 하지 않을 것이다. 수 시간을 집중해서 수술하고 밤잠을 설쳐 가며 환자를 봐도, 한두 건의 실수 때문에 엄청난 법적 책임을 져야 하는 현실이 지속된다면 더더욱 그럴 것이다. 피부과, 성형외과 등의 통제가 덜한 비급여 의료에 의사들은 더욱 몰릴 것이다. 필수 의료 관련해서 한국의 의사 면허는 해외에서는 인정되지 않는데, 피부 성형 분야는 어떤 형태로든 해외에 진출하여 사업도 벌이는 모습을 볼 수 있다.

상식적으로 생각해 봐도 의사 수가 많아진들 지금의 의료 구조 안에서는 필수 의료과의 붕괴가 제어될 리 없다. 건강 보험의 수가 통제는 분명 이용자인 국민에게 아주 좋은 제도임이 분명하다. 하지만 제도에 내재한 모순을 섬세하게 건드리며 조절하지 않는 한, 제도 안에서 서비스를 제공하는 의사들이 자괴감을 느끼고 현실적으로 난감한 상황을 무방비로 받아들여야만 한다면, 의료 구조는 틀만 남긴 채 붕괴될 것이다. 깊숙이 내재하고 있는 자본의 속성을 유연하게 조정하지 않으면 모순은 더욱 광범위한 문제를 만들 것이다. 섬세한 계획 없이 무식하게 추진한 의대 증원의 2024년 7월 현재의 결과는, 사직서를 낸 전공의 처벌을 하지 않겠다는 복지부의 발표에도 불구하고 복귀를 생각하는 전공의는 별로 없다는 사실이다. 이는 말로 단순히 설명할 수 없는 자괴감의 문제이며, 현실을 좀 더 깊이 깨달아 버린 이들의 당연한 반응이며, 한국 의료의 한 부분이 그간 어떻게 지탱해 왔는가에 대한 명백한 증거이다. 아무 생각 없이 후려친 모순은 이렇게 쉽게 날 것 그대로의 뼈대를 드러내는 중이다.

이윤 창출, 그 부조리함

개원을 결심하고 준비하는 과정을 자본의 논리로 단순하게 표현한다면 나는 생산 수단과 노동력이라는 두 가지 상품을 구매했다. 생산 수단으로 병원을 차릴 공간을 구입하여 공간을 구성했고, 공간에 놓일 기계와 여타 설비를 구입했다. 일할 사람들을 수소문하여 면접을 보고 계약을 통해 노동력을 구입했다. 동시에 나의 의학적 판단과 행위 자체가 상품이 된다. 이제 나는 병원을 운영할 준비가 마무리되었다. 다시 말해 나는 환자를 보면서 병원을 유지해야 하는 자본가의 입장이 되었다.

자본론에서 자본의 유통 형태는 기본적으로 이렇게 표시된다.

M(화폐) - C(상품) - M'(M+ Δ m)(증가된 화폐)

    내가 개원 직전까지 모은 화폐와 은행에서 받은 대출금으로 생산 수단과 노동력을 구매하여 병원을 준비한 과정은 M-C에 해당한다. 그리고 나는 병원을 운영하며 환자를 보는 과정, 즉 내가 준비한 의료 상품을 환자에게 판매하는 과정은 C-M'에 해당한다. 그리고 상품교환의 원칙은 등가교환이다. 이 원칙이 깨진다면 불공정 거래 또는 불법이나 절도에 해당한다. 자본의 유통 공식에서 M-C의 과정과 C-M'의 과정은 각각 등가 교환이다. 그런데 두 과정을 연결하여 나타난 결과는 M', 즉 처음보다 증가된 화폐이다. 같은 상품을 두고 화폐가 교환되었는데 결과는 화폐의 증가이며, 심지어 이는 등가 교환의 법칙에도 위배되지 않는다.

    이 마법은 노동력과 노동의 개념 차이에서 발생한다. 자본가는 노동자의 노동력을 구입한다. 나는 간호사나 조무사, 물리 치료사, 방사선사의 노동력을 구입했다. 자본가는 노동자에게 하루 일정 시간 노동을 주문한다. 이는 계약에 의거한다. 나 역시 계약서에 하루 몇 시간을 일하며, 연차 사용과 휴일 근무 여부 등에 대한 내용을 명시하여 사인을 받았다. 노동 시간으로 표현해 보자. 내가 간호사와 계약한 임금, 즉 노동력 가치가 간호사가 하루 4시간 노동한 것과 같다면, 간호사는 자신이 계약한 만큼의 노동을 하는 셈이 된다. 만일 간호사가 하루 6시간 또는 8시간을 일한다면, 4시간은 자신을 위해 일하고 나머지 2시간이나 4시간은 추가 노동을 하게 된다. 이를 잉여 노동이라 하며, 잉여 노동이 생산한 가치는 그대로 자본가의 것이 된다. 그리고 그것은 그대로 잉여 가치(Δm)가 된다.

얼핏 보면 노동자 입장에서는 부당한 기분이 들 수 있지만, 이미 계약된 임금은 정해진 상태이다. 만일 간호사가 자신이 일한 만큼의 가치를 모두 가져가겠다면, 즉 잉여 노동분(Δm)까지 노동자의 몫이 된다면, 자본가는 손에 쥐는 가치가 제로가 되므로 굳이 노동자를 고용할 이유가 사라진다. 잉여 가치는 노동자의 노동력을 구입해서 어떻게 활용하는가에 따라 자본가와 노동자의 입장 사이에서 줄다리기하는 셈이다.

나는 날마다 그리고 달마다 하루 또는 한 달의 매출을 살피고 계산한다. 노동력에 대한 구입비(임금)는 한 달 단위로 지불되고, 공과금이나 세금 또는 병원 운영을 위한 고정 지출 역시 한 달 단위로 정산이 되니까, 한 달의 기준을 두고 주로 대략의 수입과 지출을 계산하게 된다. 매출에서 직원들의 임금을 뺀 뒤, 사업자 카드에서 계산된 병원 운영 및 관리비, 소모품 비용을 제외한다. 연 단위로는 각종 보험료와 공간 임대료가 매해 연말이나 연초에 정산된다. 그리고 병원 준비를 위해 은행에서 빌린 대출금과 이자를 조금씩 갚아 나간다. 매출(M')에서 직원들의 임금을 제외한 것을 잉여 가치(Δm)라 하고, 잉여 가치에서 각종 병원 운영비와 임대료, 대출금과 이자들을 제외한 나머지 비용을 이윤이라고 한다. 이윤은 자본가에게 주어지는 순수한 이득이다. 하지만 장기적 관점에서 바라보면, 이윤의 일부는 다시 병원의 유지 비용으로 투입되어야 한다. 기계의 가치는 감가상각에 따라 낮아지며, 수리 비용과 기계 교체도 고려해야 하기 때문이다.

이윤은 잉여 가치에서 나오고, 잉여 가치는 노동자의 노동에서 발생한다. 즉, 자본가는 노동자의 노동을 통해서 이윤을 만들어 내고, 나는 내가 고용한 간호사, 조무사, 물리 치료사, 방사선사의 노동으로 내 손에 들어오는 이윤을 만들고 있다. 의료가 조금 다른 점이 있다면, 첫째, 의사인 나 역시 의료 상품을 만드는 노동에 함께 참여하며, 의사인 나의 결정 없이는 의료 상품의 준비나 유통이 불가능하다는 점이다. 그런 점에서 보면, 냉장고 만드는 법을 몰라도 냉장고를 만들어 파는 대기업의 회장이나 사장과 다르게 직접적으로 노동에 관여하는 특징이 있다고 볼 수 있다. 그렇다면 내가 거머쥐는 이윤은 나의 노동력에 대한 가치(자신에게 주는 임금)일까? 사장이면서 노동자인 보편 자영업자들의 모습을 생각해 본다면, 그들은 보편적인 수준 이상의, 또는 법이 규정한 최저 임금 이상의 이윤을 남기고 있는 것일까? 정규직 또는 비정규직의 노동자가 되지 못해 어쩔 수 없이 자영업자가 되는 사람들도 있고, 스스로 자영업을 시작했지만 생각보다 먹고살 만큼의 이윤을 만들지 못하는 사람들도 적지 않은 요즘, 이런 고민은 정말 필요하기도 하다.

둘째, 의료는 건강 보험의 수가 통제를 통해 교환 가치(의료상품의 가격)가 정해져 있다. 그리고 이는 물가상승률에 미치지 못하는 수준으로 해마다 책정된다. 수가 자체도 원가 언저리 수준이라는 사실은 우선 제쳐두자. 교환 가치(가격)만 놓고 본다면 다른 일반 상품보다 비교적 높은 수준으로 책정되어 있는 것은 사실이나 해마다 상대적으로 가치가 떨어지고 있음도 사실이다. 의료 장비의 가격 수준이나 전문 자격증을 가진 의료 인력의 임금 수준 그리고 물가상승률에 따른 운영비를 고려한다면, 병원을 운영하는 의사 입장에서는 불안할 수밖에 없다. 따라서 의사 자본가는 비급여 진료에 관심을 가지지 않을 수 없고, 어떻게든 환자를 많이 보려 노력할 수밖에 없다. 여기서 '3분 진료'라는 비아냥이 발생하고, 설명도 잘 해 주지 않으면서 비싼 치료만 권유한다는 불만이 발생한다. 처방을 내도 단기 처방으로 환자가 자주 오도록 유도한다.

여기까지 생각을 이어 보면, 의사와 병원에 대한 비아냥과 불만이 단지 의사의 욕심 때문이라고만 할 수 있을까? 병원을 운영해야 하는 의사는 구조 안에서 열심히 발버둥을 칠 뿐이다. 이는 자본주의에서 자본가의 생리와도 일치한다. 자본가가 이윤을 최대로 얻기 위해서 열심히 노력하는 것은 매우 당연하고 자연스러운 일이다. 그리고 자본가는 자유로운 시장 논리하에 가격을 설정한다. 자본주의의 원칙대로 병원을 준비했는데 건강 보험의 수가 정책으로 가격을 통제당한 채 이윤을 얻기 위해 노력하는 의사는, 그렇다면 뭔가 억울한 상황에 처한 것은 아닐까?

원장님은 착취자

잉여 노동이 잉여 가치(Δm)를 만들고, 자본가는 잉여 가치에서 이윤을 만들어 낸다. 마르크스는 이를 '자본주의의 착취 현상'이라고 말했다. 착취는 윤리적 의미가 아닌, 노동자의 노동이 만들어 낸 가치가 노동력의 가치(임금)보다 크다는 의미일 뿐이다. 하지만 우리는 노동자들의 시위나 투쟁 현장에서 '착취 없는 세상'이라는 구호를 쉽게 본다. 착취가 없다면, 즉 자본가가 노동자의 노동으로부터 잉여 가치나 이윤을 얻을 수 없다면, 자본가는 굳이 노동자를 고용하거나 사업을 벌일 이유가 사라진다. 이는 단순히 이윤을 통해 자본을 축적하려는 자본주의의 자연스러운 생리 과정일 뿐이다. 모든 것이 상품으로 유통되는 자본주의 사회에서 노동력이 상품으로 거래되는 결과일 따름이기도 하다.

병원을 운영하는 자본가 의사인 내가 만일 착취를 하지 않는다면, 즉 매월 또는 매년의 잉여 가치(Δm)를 직원들에게 나누어 준다면, 나는 대출금과 이자를 갚을 수 없다. 병원 운영에 필요한 비용을 만들 수 없으며, 점점 낡아 가는 기계를 유지하거나 교체할 방법도 없어진다. 내가 손에 쥐는 이윤은 제로가 됨은 말할 것도 없고 말이다. 나는 직원들을 착취하며 이윤을 만들고 병원을 운영할 여력을 만들어 낸다. 내가 악덕 자본가라서 직원을 착취하는 것일까. 착취는 자본이 스스로 증식하는 자본주의 속성상 너무도 자연스럽고 당연한 일일 뿐이다. 따라서 '착취 없는 세상'은 자본주의 너머의 다른 세상을 의미한다. 자본주의 사회에서는 정당한 가격으로 노동력을 구입하여 착취하는, 정당한 착취가 합의되어야 할 뿐이다. '노동자들의 투쟁으로 정당한 착취를 요구하자'라고 해야 자본주의 사회에서의 합당한 주장이다.

'정당한 착취'는 그렇다면 어떻게 만들어지는가? 자본가의 이윤은 계약된 노동력의 가격(임금), 잉여 가치에서 고정적으로 지출되는 병원 운영비 등의 항목 그리고 착취의 정도가 서로 줄다리기하며 만들어 낸 결과물이다. 운영비가 고정된다면, 계약된 임금 수준과 착취의 정도를 통해 이윤은 증가하거나 감소한다. 하지만 '착취의 정도'라는 말 안에 '정당한 착취'의 자리는 분명하지 않다. 내가 고용한 조무사는 이전에 근무하던 병원에서 최저 임금보다 조금 더 높은 보수를 받으며 일했다고 한다. 병원이 일요일 근무를 계획하면서 주말이 사라지자 퇴사를 결정했다. 나는 최저 임금보다 좀 더 높은 기본급에 식대, 인센티브를 추가하여 계약함으로써 조무사를 고용했다. 휴일은 무조건 쉬는 것으로 정했다. 그렇다면 나는 조무사를 정당하게 착취하는 것일까? 고용당하는 노동자 입장에서는 전에 다니던 병원의 원장은 심한 착취를 했고, 나는 그보다 덜한 착취를 하는 원장일 뿐이다. 원장인 의사 자본가 입장에서 조무사가 전에 일했던 병원 원장은 이윤을 잘 만들어 내는 유능한 자본가이고, 나는 그보다는 능력이 덜한 자본가로 보일 뿐이다. 조무사는 그 전의 병원에서도 노동(근로)계약서를 작성하고 일을 했다.

착취의 정도를 노동자의 근무 조건이라고 생각해 본다면, 사실 근무 조건의 개선과 변화는 노동자들의 투쟁과 정치적 민주주의를 쟁취하기 위해 싸워 온 결과물이다. 참혹한 아동 노동과 살인적인 노동 시간으로 악명 높던 산업 혁명 시기의 영국까지 굳이 거슬러 올라갈 필요는 없다. 전태일이 분신했던 1970년대 동대문의 방직공장의 실태가 그러했다. 턱없이 낮았던 저임금과 2주에 하루 쉬며 창문 없는 다락에서 재봉틀을 돌리던 여공들 덕에 재봉 공장과 대기업들은 막대한 이윤을 만들어 냈다. 1980년대 중동 붐이 일었을 당시, 트럭 운전수로 중동에서 일하던 노동자가 우연히 다른 나라의 트럭 운전수를 통해 알게 된 사실은, 한국에서 온 노동자들의 임금이 다른 나라에서 파견 온 노동자 임금의 3분의 1 수준이라는 것이었다. 그는 곧바로 회사에 항의했지만, 돌아오는 건 강제 귀국 조치 후 안기부에 끌려가 모진 고문 끝에 입을 함구당한 조처였다. 이후 노동자 투쟁, 민주화 투쟁과 노동자들의 교육 수준 향상, 물가 상승과 대외적 상황이 임금과 노동환경을 어느 정도 끌어올렸다. 그 결과물이 주당 법정 노동 시간과 법정 최저 임금제도, 연차 및 휴가제도 등이다.

나 역시 법이 정한 하한선을 의식하며 직원들과 고용 계약을 맺었다. 따라서 법정 노동 시간인 주당 52시간 이내에서 일하도록 정하였고, 해마다 조정되는 법정 최저 임금을 따져 가며 그 이상의 임금 액수를 제시한다. 그리고 법이 정한 연차 규정과 보상을 따른다. 휴일에 근무하는 경우에는 시간당 임금을 계산하여 그의 1.5배를 추가로 지급한다. 사실 자본가 입장에서는 모든 조건이 이윤을 만들어 내는 데 제약 사항이다. 일정 액수의 임금 계약만 이루어지면, 나와 내가 고용한 직원들의 체력이 닿는 한 최대한 진료를 하려 할 것이다. 자본가인 나는 제대로 쉬지 못하는데 직원들은 연차를 내서 쉬고, 게다가 남는 연차에 대해 보상까지 해야 한다니 무슨 이런 법이 다 있나 싶은 생각이 든다.

휴일 근무도 그렇다. 휴일 근무가 더 힘든 것도 아닌데 추가 수당을 주어야 한다니 뭔가 억울하다(물론 휴일근무에 대한 추가수당은 당연하다. 단지 자본가 입장에서의 심정을 이야기하고 있을 뿐이다). 그러니 노동자의 근무 조건 또는 착취의 정도(완화)는 아래로부터의 투쟁과 민주화에 따른 인권 의식의 성장 덕이다. 인간은 자체로도 이기적이지만, 자본주의 구조하에서는 이익을 얻으려는 이기심이 더욱 극대화된다. 지금의 현실은 산업혁명 이후 이제껏 불리한 입장에서 착취당해 온 이들의 이기심(?)이, 역시 이기심 가득한 자본가와 억압적인 권력에 대항해 열심히 싸워 나름의 '정당한 착취' 구조를 만들어 낸 결과물이다. 그리고 이 갈등과 싸움은 착취라는 전제 안에서만 가능하다. 자본가가 온전히 장악한다면, 즉 착취의 한계가 없다면 일하는 노동자만 있을 뿐, 소비하는 사람이 없어 잉여 가치나 이윤은 만들어지지 않는다. (미국 남북전쟁 전, 노예 제도하에서 남부의 면화 농장 사업이 번창할 수 있었던 이유는 생산한 면화를 수출하여 이윤을 만들 수 있었기 때문이다. 노예 제도가 사라지고 흑인들이 노동자로, 그것도 아주 저렴한 노동자가 된 이후로, 이들은 북부 산업 지대의 값싼 노동력으로 활용된다. 동시에 흑인 노동자들은 상품 소비자로서 기능하게 된다. 노예 제도 폐지는 인간의 가치와 윤리의 의미도 있겠지만, 현실적으로는 저렴한 노동자이면서도 생산된 상품을 소비하는 소비자의 기능을 하는 주체가 필요한 이유에서였다.) 반대로 노동자가 착취를 없앤다면, 자본가는 상품을 생산할 이유가 사라진다. 착취의 정도, 즉 정당한 착취는 이 극단의 두 상황 사이의 어느 지점에서 발생한다.

그렇다면 자본가는 악한 심성의 이기적이기만 한 존재인가? 자본가이자 의사인 나는 이윤만을 추구하며 진료하는 소신이 뒤틀린 사람인가? 그렇지 않다. 마르크스가 이야기한 것처럼 자본가는 자본 축적을 수행하기 위한 인격화된 자본이다. 자본가는 다른 자본가와 경쟁 상태에 있으며, 적자 상태에 빠지지 않기 위해 분주하게 움직인다. 경영이 안정적인 상태에 접어들어도 이윤을 증대시키기 위해, 자본을 끊임없이 축적하기 위해 노력한다. 성공적으로 사업을 일군 사장은 사업장을 확장하거나, 분점을 내거나, 사업 영역을 확대한다. 병원 역시 어느 정도 이윤이 쌓이면 병원을 확장하거나, 진료 영역을 확대하거나, 어떤 경우에는 분원을 세운다. 또는 요즘 같은 경우에는 부동산을 장만해서 부수적인 수입을 만드는 의사들도 있다. 모든 것은 이윤을 통해 끊임없이 자본을 축적하려는 인격화한 자본의 본성에 의거한다. 즉, 자본주의 구조하에서 인간의 이기심은 각자가 처한 입장에서 극대화된다. 개인의 심성 문제가 아닌 것이다. 이는 노동자든 자본가든 마찬가지다. 불안이 도사린 생존의 문제이기 때문이다.

일반적으로 자본주의 사회에서 자본가는 그가 벌이는 생산 과정에 직접적으로 관여하기도 하지만 관여하지 않을 수도 있다. 치킨을 직접 튀기는 치킨집 사장님이 있는가 하면, 냉장고를 만드는 방법을 모르는 냉장고 회사 회장님이 있는 것처럼 말이다. 생산 과정에 참여를 하든 하지 않든, 생산 과정에서 만들어지는 이윤은 오로지 자본가의 몫이다. 아무리 일을 잘하는 노동자라도, 그가 가져갈 몫은 계약된 임금이 전부다. 자본가는 생산 수단의 사적 소유자이기 때문이다. 개원한 자본가 의사는 생산 수단의 사적 소유자인 동시에 의료 상품의 생산 과정에 직접적으로 참여한다. 그것도 책임을 다하여 아주 적극적으로 말이다. 그렇다면 그는 이윤을 통한 자본 축적에 좀 더 정당성을 가져도 되는 것 아닐까? 그러나 한국의 의료 현실은 그렇지 않다. 의료는 사회 보장 시스템의 하나이자 국가가 관리해야 하는 주요 분야이기 때문이다. 그렇다면 의사가 생산 수단을 사적으로 소유하는 구조를 바꿔 보면 어떨까? 의학도를 양성하는 과정에서 국가가 교육비를 지원하거나, 전공의 수련 과정에서 국가가 임금의 일부를 지원하는 형식도 있다. 또는 병원의 설립이나 개원의 과정 일부를 국가가 지원해 주는 방법도 있다. 의료 수가 통제를 통해 의사의 수익을 제한시키는 건강 보험 제도가 전 국민의 만족스러운 의료 서비스를 보장한다면, 즉 의료 서비스 제공자와 이용자 모두가 만족할 수 있는 정당한 정체성을 가진 건강 보험을 생각한다면, 의료는 자본의 속성과 어느 정도 또는 충분한 거리를 두어야 한다는 의미이다. 생각해 볼 만한 일이다.

의료의 이윤, 이윤율 I

시간 단위로 매출을 체크한다. 내가 봉직의였다면 결코 하지 않았을 일을 원장이 되고 나서 어쩔 수 없이 해야 하는 일이 되었다. 하루 또는 한 달, 일 년의 매출을 보고 나름 분석해 본다. 급여 매출과 비급여 매출의 비율을 보고, 건당 진료비의 추이를 살핀다. 3대 암에 대한 국가 검진도 시행하고 있으니, 건강 검진비는 얼마나 들어올지도 계산해 본다. 나는 원래 숫자에 약한 사람이다. 봉직의 시절에는 월급이 들어오면 아내에게 전부 맡기고, 일정 금액만 용돈으로 받아 사용했다. 용돈 외에 내가 지출할 목돈이 생기면, 아내에게 통보를 하고 알아서 관리해 달라고만 했다. 그러던 이제는 내가 직접 매출을 살피고, 통장에 찍힌 잔고를 보며 지출을 가늠한다.

가장 중요하게 보는 것은 어쩔 수 없이 매달의 이윤이다. 매출에서 관리비나 약품 비용 등의 고정 지출과 임금이 지불되고 남을 액수를 가늠해 본다. 갑작스레 지출하게 되는 비용이 발생하거나 해마다 통보되는 세금과 임대료 등을 세세히 살펴야 내가 쥐게 되는 이윤이 얼마인지 연별로 정산하는 것이 더 정확해진다. 한 달마다 가늠해 보는 이윤은 성수기나 비수기, 건강 검진 시즌 등으로 고려하면 변동 폭이 있지만, 그래도 대략적인 이윤의 정도를 가늠하며 때마다 추이를 살펴야 마음 편하다.

통계상 숫자들을 볼 때 단순히 숫자가 많은 것을 보지는 않는다. 매출이 많아도 지출이 많으면 이윤은 적을 것이기 때문이다. 매출에서 지출 대비 남는 액수의 비율이 중요하다. '얼마나 남았는가'의 관점에서 비율을 계산하는 방법은 크게 두 가지인데, 하나는 '잉여 가치율'이다. 이는 잉여 가치를 가변 자본, 즉 임금으로 나눈 것을 말한다. 예를 들어 노동자 한 사람을 한 달 300만 원에 고용하여 한 달간 600만 원의 잉여 가치를 얻었다면, 잉여 가치율은 600/300으로 200퍼센트다. 이는 착취율이라고도 한다. 둘째는 잉여 가치를 불변 자본과 가변 자본을 더한 합으로 나눈 비율인데, 이를 '이윤율'이라고 한다. 자본가는 정확하게는 잉여 가치율보다는 이윤율에 더 관심이 많다. 투자한 생산 수단과 고정 지출 비용이 존재하기 때문이다. 따라서 앞서의 예시에 불변 자본을 추가하여 계산한다면, 즉 투자한 생산 수단과 고정 지출 비용을 c라고 한다면, 이윤율은 $600/(c+300)$으로 잉여 가치율보다 낮아진다.

월별 매출로 잉여 가치율을 대략적으로 계산해 볼 수는 있다. 매출에서 고정 지출 비용과 약품값 등을 제외한 액수를, 정산된 급여와 4대 보험료를 합한 값으로 나누면 대략의 잉여 가치율을 알 수 있다. 하지만 내가 정말 관심 있는 것은 이윤율이다. 따라서 개원 초기에 투자한 인테리어 비용, 의료기기와 여러 장비를 구입한 비용을 감가상각에 따라 가늠하고, 해마다 지출되는 임대료 등을 c로 놓고 다시 계산하면 된다. 하지만 이를 정확히 계산하는 방법은 분명치 않다. 단순히 세무사가 해마다 정산해 주는 복잡한 숫자 속에 이런 것들이 녹아 있다는 정도만 알 수 있을 뿐이다. 정확하게는 매년 초, 세무사가 지난해의 수입과 지출, 장비의 감가상각 등을 정리하여, 이윤율과 이윤 액수와 납부해야 할 세금 등의 항목을 알려 준다. 나의 이윤율은 매해 초 정리되어 가장 정확에 가까운 수치로 알 수 있다.

자본가는 이윤을 더 얻기 위해, 즉 이윤율을 늘리기 위해 동분서주한다. 열심히 동분서주한 뒤 정산된 결과를 보고 이윤 또는 이윤율이 증가했는지를 파악하는 형식으로 '인격화된 자본'

의 역할을 충실히 수행한다. 그 방법으로는 몇 가지가 있는데, 첫째, 절대적 잉여 가치를 생산하는 방법이다. 이는 노동자의 노동 시간을 늘리는 방식으로 잉여 가치를 직접적으로 늘리는 방식이다. 임금만큼 일하는 노동 시간, 즉 필요 노동 시간이 4시간이고 잉여 가치를 생산하는 잉여 노동이 4시간으로, 총 8시간인 노동자의 노동 시간을 10시간으로 늘리면 잉여 노동 시간이 6시간으로 늘어나고 이는 그대로 자본가가 가져가는 잉여 가치의 증가로 이어진다. 둘째는 상대적 잉여 가치를 생산하는 방법이다. 총 8시간 일하는 노동자의 필요 노동 시간을 4시간에서 2시간으로 단축하면, 잉여 노동 시간은 4시간에서 6시간으로 증가한다. 사회 전반적으로는 노동 생산성이 증가하고 상품 가격이 저렴해지면서 노동력도 같이 저렴해지는 방식이다.

　의료는 노동 집약적이다. 진료, 시술, 처치, 간호 등은 거의 인간의 노동을 통해 이루어진다. 따라서 고용된 전문 인력의 노동력은 상당히 중요하다. 만일 병원이 여기저기 들어서면서 원장이 가져가는 이윤이 줄어들면, 원장은 자본가로서의 본능이 발동하며 이윤을 늘리려 노력한다. 그중 하나가 진료 시간의 연장이다. 여기저기 야간 진료, 휴일 진료를 내세워 운영하는 병원들을 어렵지 않게 볼 수 있다. 노동 시간을 연장하여 절대적 잉여 가치를 생산하려는 자본가 원장의 노력이다. 하지만 병원은 상대적 잉여 가치를 생산하는 데엔 무척 어렵다. 쉽게 말해서, 간호 기능이 있는 기계, 주사를 놔 주는 기계 또는 시술을 해 주는 기계는 존재하지 않기 때문이다. 만일 그런 기계들이 존재한다면, 원장은 인력의 일부를 이런 기계로 대체하고, 고용된 인력의 임금을 삭감하고 기계의 관리나 보조 등으로 일하게 할 것이다. 그것이 이윤율을 늘릴 수 있는 방법이라면 말이다. 의료는 이렇게 노동 집약적인 특성과 분야의 특수성으로, 생산 수단의 비용인 불변 자본의 가치가 높고 전문 노동 인력의 구성에 따라 가변 자본(임금)의 가치 역시 높은 수준이다. 이를 대체할 만한 수단은 그리 존재하지 않으며, 인력을 최소화하고 노동 강도를 높이는 방식으로 이윤율을 높이려 노력한다.

한 가지 살펴볼 수 있는 것은, 정해진 의료 수가 때문에 상대적으로 노동 생산성이 높아지는 현상이다. 의료 수가가 원가 언저리의 수준으로 낮고, 의료 이용자는 일반적으로 수가의 20퍼센트만 정산하고 이용하기 때문에 부담이 덜하다. 따라서 진료 횟수를 최대한 끌어올려 노동 강도를 높이고 생산성을 높이는 방식이다. 예를 들어, 우리나라의 내시경은 상당히 저렴한 수준이다. 따라서 내시경이나 검진을 표방하는 전문병원들이 생기면서 하루에 내시경을 수십 건씩 소화해 낸다. 의사와 간호사 또는 조무사가 한 조가 되어 최소의 인력으로 내시경 건수를 최대한으로 소화해 내면, 원장의 이윤율은 그만큼 증대된다. 병원은 내시경 케이스를 최대한 끌어모으려고 노력한다. 이 과정에서 내시경 검사의 일반적 원칙은 살짝 무시되기까지도 한다. 최근 건강 보험 심평원에서는 대장내시경 용종절제술에 관한 코드 중 J00이라는 코드를 신설했다. 결론부터 말하자면 대장내시경 관련 시술을 일반 수준의 반값만 인정하겠다는 의도이다.

대장내시경 시행 전 진료는 이러하다. 우선 환자가 내원하여 이러저러한 복부 관련 증상을 이야기하면, 의사는 진찰 후 대장내시경을 권유하고 일정을 잡는다. 그러면 환자는 날짜를 예약하고 미리 장 정결제를 받아 자세한 설명을 듣고 그에 따라 검사날짜에 맞춰 복용하고 검사일 내원하여 대장내시경 검사를 받는다. 그런데 요즘 일부 병원들은 환자가 내원한 당일, 장 정결제를 처방하고 복용시킨 다음 무리하게 대장내시경을 시행한다. 따라서 심평원은 새로 신설된 코드를 통해 수가를 제한하여 대장내시경이나 이런 형태의 무리한 시술들을 억제하려는 것이다. 대장내시경 케이스를 놓치지 않고, 되도록 많이 검사를 시행하려는 일부 병원들의 현실 때문이다. 환자 입장에서는 어차피 같은 저렴한 비용으로 빠르게 검사를 받을 수 있으니 나쁘지만은 않을 것이다. 조금 괴롭더라도 말이다.

문턱이 낮은 병원 진료, 적은 처방 일수, 지속적인 물리 치료 등도 이와 무관하지 않다. 하여튼 노동 집약적인 의료는 절대적 잉여 가치의 생산이 가장 일반적인 이윤율 증가의 방법이지만, 아이러니하게도 낮은 수가와 높은 보장률이 상대적 잉여 가치의 생산을 촉진하는 현상을 만들기도 한다.

의료의 이윤, 이윤율 Ⅱ

이윤율을 늘리는 마지막 방법은 '특별 잉여 가치'를 생산하는 방법이다. 어느 자본가가 신기술을 개발하거나 새로운 기계를 도입하여 상품 생산을 획기적으로 늘리거나 품질이 월등히 높은 상품을 생산한다고 가정해 보자. 상품 생산이 늘어나면서 가격은 내려가지만, 아직 다른 회사가 생산하는 같은 상품들은 기존의 가격을 유지하고 있으므로, 자본가는 기존의 가격으로 상품을 판매할 수 있다. 즉, 상대적으로 높은 가격으로 상품을 판매할 수 있는 것이다. 또는 월등한 품질의 상품을 다른 회사의 같은 상품보다 높은 가격으로 판매할 수 있다. 이는 신기술이나 새로운 기계를 도입한 회사들이 초반에 추가적 잉여 가치를 얻을 수 있는 특별한 기회이다. 시간이 흐르며 기술 경쟁이 높아지면, 가격은 적절한 수준으로 수렴하며 특별 잉여 가치 역시 사라지게 된다.

예전에 도수 치료가 그러했다. 도수 치료가 가능한 병원이 적었고, 새로운 도수 치료 베드의 도입, 도수 치료 기법을 훈련받은 의사의 직접 시술 등의 형태로 도수 치료는 그 가격이 꽤 비쌌다. 하지만 지금은 도수 치료를 하는 병원들이 늘어나고, 도수 치료도 전문 물리 치료사들이 주로 담당하게 되면서 도수 치료 비용은 일정 수준으로 낮아졌다. 충격파 치료도 마찬가지다. 처음에는 새로운 치료기법으로 각광을 받으며 치료비가 꽤 비쌌지만, 지금은 기계의 폭넓은 도입으로 비용이 많이 낮아졌다. 도수 치료나 충격파 치료나 초반에는 높은 비용으로 특별한 잉여 가치의 생산이 가능했지만, 지금은 일반적인 비급여 치료 항목의 하나로써 보편적인 수준의 비용으로 책정된다. 진화를 거듭하고 있는 피부 시술용 레이저 기기도 마찬가지다. 최신 레이저 기기를 도입한 원장은 시술 비용을 높게 책정한다. 시간이 지나며 레이저 기기가 여러 병원에서 도입되고, 가격 경쟁이 벌어지면 시술 비용은 낮아지며 일정 수준으로 수렴된다.

현실에서 개원의가 이윤을 늘리는 제일 간편한 방법은 절대적 잉여 가치의 증대, 즉 진료 시간을 늘리는 일이다. 하지만 주 최대 52시간이라는 법정 노동 시간이 정해져 있고, 휴일 근무나 야간 근무에는 추가 수당을 의무적으로 지불해야 한다. 진료실에 의사가 반드시 있어야 하니 체력적으로도 힘들다. 봉직의를 채용하자니 배보다 배꼽이 더 큰 상황이 발생할 수 있다. 게다가 요즘 도심에 병원은 넘쳐난다. 야간 진료, 휴일 진료를 한다고 원하는 만큼 이윤을 늘릴 수 있을지도 의문이다. 절대적 잉여 가치를 늘리는 일도 이제는 쉽지 않다.

그러니 상대적 잉여 가치나 특별 잉여 가치를 늘리는 일에 집중하게 된다. 앞서 이야기했듯, 최대한 환자를 많이 보고 단시간에 되도록 많은 진료비를 발생하게 만든다. 초진료나 재진료는 정해져 있으니 일단 환자를 많이 보고, 초음파 검사 같은 비용이 높은 검사를 권유한다. 아프다면 일단 주사 치료를 권하고, 피곤하다 말하면 고용량 비타민 수액 같은 수액 처치를 권유한다. 일단 환자가 자주 와야 하니 처방은 되도록 짧게 내주고, 효과는 신속해야 하니 약을 충분히 처방한다(사실 처방약이 많은 데는 또 다른 이유가 있기도 하다). 홍보에도 신경 쓰지 않을 수 없다. 홍보 매체에 상대적으로 접근이 약한 노인들에게는 입소문도 중요하다.

1차 진료에서 초음파는 이제 기본 장비(basic tool)가 되었다.

국가 검진에서 간암의 경우 간 초음파가 포함되어 있기도 하고, 초음파로 할 수 있는 검사 영역의 많은 부분이 급여 영역에 포함되기도 했다. 고가의 장비를 들인 원장은 일단 기곗값을 뽑아야 하니 초음파를 활용한 검사를 열심히 처방한다. 오른쪽 상복부가 아프면 담낭염일 수 있으니 상복부 초음파 검사를 하고, 오른쪽 아랫배가 아프면 급성 충수염일 수 있으니 충수 주변을 초음파로 살핀다. 예전처럼 촉진만으로 의심이 되면 큰 병원으로 보내는 일은 많이 줄었다. 옆구리가 아프면 부딪혔든 아니든 일단 방사선 사진을 찍고 미세 골절 여부를 확인하기 위해 초음파 검사를 진행한다. 어깨가 아프면 석회성 건염이나 파열이 있을 수 있으니 초음파 검사를 한다. 적응증이다 싶으면 바로 통증 완화 주사를 놓을 것이고, 석회 병변이 보인다면 충격파로 이어지는 치료를 할 수 있다.

초음파 검사를 통해 좀 더 정확한 진단을 내릴 수 있다는 장점은 당연히 받아들일 일이다. 하지만 초음파 검사를 자주 하는 병원들의 속내에 단순히 그런 장점만 있지 않다. 나는 어깨가 아픈 환자가 오면 기본 방사선 촬영은 하되, 움직임에 지장이 없고 통증이 심하지 않으면 우선 물리 치료부터 받아 보자고 권유한다. 옆구리를 부딪쳤다고 내원한 환자에게 시행한 X선 검사에서 골절 소견이 있든 없든 "어차피 치료는 통증 조절하면서 가만히 기다리는 것이 전부입니다."라고 말하고 진통제만 처방해서 보낸다. 이렇게 진료하는 나는 상당히 순진한 원장일 것이다.

특별 잉여 가치 역시 마찬가지다. 새로운 치료법이나 약물이 효과가 있음이 밝혀지면 초반에는 매우 비싼 가격을 책정해서 이윤을 최대한 끌어들인다. 병원에서 처방하는 약들에는 편하게 말해서 정품약(original)이 있고 복제약(generic)이 있다. 정품약은 특허가 걸려 있어 일정 기간 약의 특정 성분에 대해서 독점이 가능하다. 특허 기간이 만료되기 직전, 제약사의 영업직원들은 어떤 약의 특허가 곧 풀린다는 소식을 빠르게 전해 준다. 그리고 그 성분의 복제약을 자기네 회사에서 제조할 것이고, 가격은 어느 정도로 저렴한 수준이 될 것이라고 설명한다. 특허가 걸려 있던 정품약은 곧 가격을 내린다는 소식도 같이 들려온다. 이제 정품약을 판매했던 제약사는 여러 복제약과 경쟁해야 하기 때문이다. 특별 잉여 가치의 획득이 마무리되는 순간이다. 비만치료제인 삭센다나 면역 반응 증강 효과가 있다고 알려진 싸이모신 알파1 같은, 병원에서 처방하는 주사제도 마찬가지다. 처음 이 약들이 도입되었을 때에는 비쌌다. 그러다 물량 공급이 확대되고 처방이 쉬워지고 경쟁이 가열되면서, 현재는 일정 가격 수준으로 수렴되었다. 특별 잉여 가치는 말 그대로 특별한 기회에 짧은 기간 동안 얻을 수 있는 잉여 가치다. 신약 경쟁이 과열되고, 이를 최대한 빨리 도입하려는 병원의 경쟁은 이런 이유 때문이다.

사실 이런 노력은 병원 입장에서는 운영을 원활하게 하고 이윤을 얻으려는 개별적 성격을 띤다. 하지만 이것이 사회 전체적으로 보면 일종의 '혁신적 파괴' 행위이다. 병원은 이윤을 위해 그리고 정확한 진단과 처방을 위해 검사를 늘리고 새로운 장비나 약품을 도입하지만 결과적으로 의료비를 상승시키기 때문이다. 급여 진료가 늘어나면 건강 보험료가 상승할 것이고, 비급여 진료가 늘어나면 실손보험료가 상승할 것이다. 실손보험이야 회사가 손해 보지 않게 알아서 경영을 해 나가면 될 일이지만, 건강 보험료가 상승하는 현상은 사회 구성원들의 부담 상승과 사회 보장 계약이 흔들릴 수 있음을 의미한다. 여기서 다시 한번, 현실 안에서 어쩔 수 없는 병원의 자본적 성향과 병원과 환자를 둘러싼 사회 보장 제도의 갈등을 짚어보게 된다.

자본주의 전체적으로는 노동 시간 제한으로 상대적 잉여 가치와 특별 잉여 가치에 집중하는 시스템의 속성을 보인다. 이는 기술의 혁신이 과거의 체제나 가치를 뛰어넘어 사회의 변화를 이끌어 내기 때문이다. 인터넷이 만든 세상과 저마다 스마트폰을 소유함으로써 변화된 세상, 내연기관을 넘어 전기로 달리는 자동차 등을 생각해 보면 이해가 쉽다. 그러나 이제는 이런 속성이 지구가 감당할 수 있는 한계를 넘어서 버렸다. '혁신적 파괴'가 지구와 환경의 심각한 문제를 만든 것이다. 기후 위기와 방사선 오염 등의 문제가 이를 증명한다. 의료는 건강 보험 재정이라는 일종의 연못을 바탕으로 운영된다. 한정된 자원 안에서 사회 보장 서비스로서의 통제로 운영을 한다. 하지만 자본주의적 경영을 해야 하는 각각의 병원이 처한 딜레마는 곧 '혁신적 파괴' 현상과 무관하지 않을 것이다.

임금의 특성

함께 일할 사람들을 고용하기 위해 지원자들과 면접을 하면서 가장 힘들었던 부분은 임금 문제였다. 각 직능별로 인근 개원가들의 일반적인 급여 수준을 알아 보는 것도 은근히 어려운 일이었다. 게다가 경력이나 나이에 따라 임금 수준이 달라야 했다. 사업을 해 본 것도 아니고, 잠시 공동 원장으로 있을 때 직원들의 급여를 제대로 파악하지 못해서 대체 어느 정도 수준으로 정해야 할지 판단이 서지 않았다. 사람들은 나와 마주한 자리에서 자신이 선발될지를 고민했지만, 나는 내가 제시하는 근무 조건과 임금 수준을 상대가 받아들일지 조마조마했다.

임금은 구체적으로 기본급에 식대와 인센티브로 구성했다.

기본급을 적정 수준으로 하고 나머지는 식대와 인센티브에서 채워 적당한 모양새를 만들기로 했다. 나는 순진하게 여기까지만 생각했다. 개원 후 날아 온 4대 보험료와 1년 만근을 채운 직원이 생기는 시점에 가입한 퇴직연금 액수를 확인하고는, 내가 감당해야 할 숫자가 만만치 않음을 뒤늦게 깨달았다.

봉직의 시절이 떠올랐다. 한 달마다 통장에 찍히는 숫자를 확인하는 일은 그저 무심함이었다. 계약된 만큼의 액수가 달마다 찍히는 것을 확인만 하고 그것으로 용돈을 받고, 집안 살림을 하고, 조금씩 모아 무언가를 계획하는 일은 말 그대로 소소한 행복이었다. 내가 하는 일에 비해서 임금 계약을 너무 적게 한 것은 아니었나 하는 생각도 들었다.

'자신이 받는 임금의 네 배에서 여섯 배를 병원에 벌어다 주어야 한다'라고 말했던, 외과 과장 시절의 병원 이사장은 대체 욕심이 얼마나 큰 건가 싶은 생각도 들었다. 내가 받은 임금은 나와 가족의 삶을 가능케 하는 연료이자 아담한 축적물 같은 것이었다.

나는 의사이기에 봉직의 시절에 받았던 임금은 일단 사회 평균 수준의 임금보다는 월등히 높았다. 살림을 하고, 아이를 키우고, 저축을 하는 데 부족함이 없는 액수였다. 내가 임금을 적게 받거나 많이 받는다는 판단은 나와 같거나 비슷한 분야에서 활동하는 의사들과의 비교 안에서 고민할 일이지, 사회 전체적으로는 일단 고임금군에 속했다. 따라서 나는 혼자서 벌어도 여러 활동이나 앞으로의 계획을 구상하는 데 상대적으로 제약이 적었다. 임금은 상품으로서 개인의 노동력을 가치 측정하여 계약한 액수이다. 개인의 노동력 가치는 상품을 생산하는 노동에 대한 계약에 있지만, 그 외에 집에서 쉬고 휴일에 여유를 즐기며 노동력을 회복하는 과정도 포함한다. 동시에 다음 노동자를 출산하고 양육하는 과정 역시 포함된다. 우리는 보편적으로 일하고 받는 임금을 이런 일들에 사용한다. 노동력을 관리하고 양육하는 살림이 자신이 받는 임금으로 불가능하다면, 노동자들은 노동력 관리의 절감 차원에서 결혼을 하지 않거나 아이를 낳지 않을 수 있다. 또는 휴식 시간과 여가를 줄여 노동 시간을 늘려 추가 임금 획득을 위해 노력할 것이다. 이마저도 여의치 않거나 좀 더 높은 임금을 받을 수 있는 자리로의 이동이 불가능하다면, 노동을 아예 포기할 수도 있다.

전통적으로 노동력의 가치인 임금을 분석할 때 제기할 수 있는 지점 하나는, 임금 안에 가사 노동에 대한 가치가 들어 있는가 하는 것이다. 즉, 가정을 이룬 성인 두 사람 중 한 사람이 노동을 해서 임금을 받아온다고 가정하면, 그 임금에는 가사 노동을 하는 다른 사람의 노동 가치가 포함되어 있는가 하는 것이다. 노동력 계약은 일 대 일 계약이기에, 노동자와 살림을 공유 또는 가정을 이룬 다른 이는 임금 계약에서 제외된다. 즉, 가사 노동은 전통적으로 무임금 노동이다. 노동자가 집으로 돌아오면 식사가 차려지고, 더러워진 옷을 세탁하고, 노동자가 쉬고 누울 곳을 청소하며, 두 사람의 아이, 즉 미래의 노동자를 양육하는 이 모든 가사 노동은 임금이 지불되지 않는 것이다. 노동력 관리와 재생산 역시 사회를 구성하고 유지하는 데 필수이지만, 자본주의 사회에서 이는 애써 모른 척 무시된다. 자본주의는 자본가의 이윤을 위해, 즉 자본 축적을 위해 운용되기 때문이다. 현재에는 일을 통해 자신의 정체성을 찾겠다고 살림보다는 자신의 일을 찾아 성인 가족 구성원 모두가 각자의 일을 하는 경우도 있지만, 실상은 한 사람의 벌이로는 살림이 힘들어 모두가 노동 시장에 발을 들이고 있음이다.

이제 나는 임금을 받는 사람이 아닌 임금을 주는 사람이 되었다. 앞서 이야기한 임금의 일반적 속성이나 특성 같은 것은 생각할 겨를이 없다. 임금은 선행된 노동에 대한 후불이지만, 임금 계약은 앞으로 해 나갈 노동의 총체에 앞선 선계약이니 나는 불안하기만 했다. 다행히 병원은 안착이 되었고, 나는 임금의 전체적 덩어리를 무난하게 감당할 수 있을 정도의 매출을 만들고 있어 불안을 어느 정도 떨쳐냈다. 직원들도 나와 계약한 급여에 나름대로 만족하는 눈치다. 각자의 사정을 내가 알수는 없으니 판단할 수는 없지만, 임금이 가진 보편적 속성을 각자의 나름으로 감안하면서 직원들은 저마다의 삶을 꾸려 나가고 있었다.

임금은 보통 시간 임금이다. 노동 강도가 어떨지는 아무도 알 수 없는 상태에서 일반적으로 노동 시간으로 계약을 하기 때문이다. 나의 경우에는 개원을 하면서 계약을 했기에 더욱 이런 성격이 강하다. 만일 내시경이나 수술로 무척 바쁜 병원에서 직원을 고용한다면, 노동 강도에 대한 고려도 필요할 것이다. 그 외의 임금으로 개수 임금이 있는데, 이는 생산량에 따른 임금 지급으로 보통 인센티브(성과급)라고 한다. 사실 성과급은 노동자들끼리 경쟁을 유도하여 생산량을 증대하고 잉여 가치를 늘릴 목적으로 도입한다. 하지만 병원에서는 모든 처치와 처방이 의사의 결정으로 내려지고, 이를 각 직능의 직원들이 수행한다. 따라서 직원들 간의 경쟁은 발생하지 않는다. 다만 나의 경우 인센티브는 낮은 수준이라고 생각할 수 있는 기본급을 보충하고, 시기별로 달라지는 노동 강도에 따라 업무를 독려하기 위한 목적으로 도입했다. 결과는 인력의 안정적 유지에 큰 도움이 되고 있다.

자본가, 즉 원장은 이윤을 추구하고, 임금은 단순히 노동자의 노동력에 대한 가치이다. 동시에 각자의 위치에서 자신들이 바라는 수익의 최저선이 존재할 것이다. 내가 받는 화폐 액수에 있어 최대치에 대한 한정은 생각하지 않는 것은 당연하다. 원장인 나의 입장에서는 과거 받았던 봉직의 임금과 잠시 공동 원장 시절에 받았던 지분 수익의 수준이 바라는 수익의 최저선이다. 맘 편하게 임금을 받을 때보다 병원과 장비들을 관리하고 인력을 살펴야 하며, 각종 세금과 행정 문제를 염두에 두어야 하는 일은 정말 골치 아프다. 신경 쓸 일이 이렇게나 많은데, 대출까지 받아 가며 만든 병원이 이전에 받던 임금보다 이윤이 남지 않는다면 정말 기운 빠질 일이다. 자격증을 가진 여러 직능이 모인 직원들의 급여 역시 고민된다. 사실 병원이 잘 된다면 상대적으로 같이 증가할 인센티브를 맘 편히 지급하고 보너스도 줄 것이다. 하지만 의료 수가는 건강 보험 통제에 있으며, 매년 물가상승률에 못 미친다.

2023년도 물가상승률은 대략 3.6퍼센트이고, 따라서 2024년도 공적 연금은 3.6퍼센트 상승했다. 반면에 2024년도 의료 수가 인상률은 1.98퍼센트로, 환산 지수에 따라 의원은 1.6퍼센트 인상되었다. 임금은 물가상승률에 비례하여 올려야 하겠지만, 물가상승률에 못 미치는 수가 상승률은 원장 입장에서는 임금을 넉넉히 주기에 부담 요인이 된다. 간호사들의 초임 시절 이직률이나 이탈률이 높고, 높은 노동 강도로 인해 일을 그만두는 현상이 이와 무관하지 않다고 생각한다. 건강 보험이 통제하는 의료 수가는 나름의 논리와 이유를 가지고 있겠지만, 이러한 반작용도 만만치 않다. 결국 비급여 항목에서 부족한 수익을 채우려고 노력하겠지만, 최근 심평원은 병원마다 비급여 항목의 책정 비용을 의무적으로 신고하도록 하여 비급여 비용의 통제에 나서고 있다. 원장의 이윤은 둘째치고, 병원의 노동 환경은 점점 긍정적이지 못할 것이다.

꿈 많은 개원의, 현실의 자본가

처음 병원을 구상했을 때, 진료 시간을 어떻게 할 것인가 많이 고민했다. 월요일 아침부터 토요일 정오까지 종일 앉아 있는 것은 내가 일단 싫었다. 야간 진료는 당연히 생각조차 하지 않았다. 나의 구상은 참 이상적이었다. 화요일과 목요일 오후를 휴진하는 구상이었다. 목요일 오후에 쉬는 것은 나 스스로 쉬는 시간을 만들자는 목적과 직원들의 주당 법적 노동 시간을 고려한 구상이었다. 평일 하루 오후에 쉼으로, 평일에만 가능한 개인 업무를 처리하거나 여유로운 시간을 즐기고 싶었다. 화요일 오후는 왕진을 다니고 싶은 마음에서였다. 병원 진료실에서만 진료를 할 것이 아니라, 내가 직접 다니면서 환자들이 사는 환경을 체크하고 환자 관리나 처치를 하고 싶었다. 사회가 고령화되고 혼자 사는 인구가 많아지면서, 환자의 거동 가능 여부와는 상관없이 직접 찾아가 사는 모습을 체크하는 일은 점점 중요해지고 있다.

지금은 목요일 오후만 휴진하고 있다. 목요일 오후 휴진은 일차적으로 주당 법정 노동 시간 요건을 충족시키기 위함이다. 하지만 원장인 내 입장에서 전일 휴진은 마음이 편치 않고, 하고 싶었던 왕진을 포기하고 싶지도 않았다. 그래서 부근의 요양원에 촉탁의로 지정받아 2주마다 방문 진료를 다니고 있고, 방문 간호 업체와 연계하여 방문 진료가 필요한 환자들은 매주 목요일 오후로 약속을 잡아 집으로 방문 진료를 다니고 있다. 그리고 현재 건강 보험에서 시범 사업으로 진행하고 있는 1차 의료 방문 진료 사업과 장애인 방문 주치의 사업에 참여하고 있다. 이 시범 사업은 내가 방법을 잘 이해하지 못하고 있는 것인지, 또는 홍보가 거의 되지 않아서 그런 것인지 신청하는 환자가 아직은 많지 않은 상황이다.

지금 생각해 보면, 주중 2일 오후를 휴진하겠다는 내 구상은 정말 경계 없는 순진함이었다. 현재 병원 운영 상황을 고려하면, 주중 2일 오후 휴진은 내 이윤을 심각하게 깎아 먹는 행위이다. 구상했을 당시에도 사람들의 반응은 뜨악함이었다. 나보다 훨씬 일찍 개원한 동료 의사는 내 구상을 듣더니 뜸을 한참 들이다가 한마디 했다.

"아마 네 생각대로 하기는 정말 힘들 거야……."

경계 없던 순진함은 개원 과정을 거치고 병원을 운영하면서, 숫자의 변화에 짙어지는 예민함에 반비례해서 점점 흐릿해졌다. 솔직히 말하자면, 지금은 목요일 오후 휴진으로 포기할 수밖에 없는 매출액을 속으로 계산하곤 한다. 주 2회 오후 휴진을 정말로 실행했다면, 나는 순진함이 흐릿해지고 예민함이 짙어지는 어느 교차점에서 오후 휴진을 주 1회로 서둘러 축소했을 것이다. 결과적으로 따지자면, 그것은 내가 포기할 매출이나 이윤에 대한 아까움보다는 어서 대출금을 갚고 재정적으로 병원을 안정화시켜야 한다는 생존에 따른 불안에 기인한다. 지금 유지 중인 목요일 오후 휴진도 마찬가지이다. 그럼에도 나는 목요일 오후는 반드시 휴진하며, 내가 원하는 촉탁의 및 방문 진료 활동과 필요한 일상을 이어 가는 중이다. 이른 시기에 재정적으로 안정 단계에 가까워지고 있음을, 그래서 나는 감사하게 생각한다.

의사들은 왕진이나 방문 진료 제도에 시큰둥하다. 아주 단순하게 생각해도 수지 맞지 않은 진료이기 때문이다. 내가 촉탁의로 활동하는 요양원에 한 번 방문하는 데 이동 시간 포함 약

1시간 정도 소요된다. 그리고 간호업체와 연계하는 방문 진료 역시 이동 시간 포함하여 한 집당 한 시간에서 한 시간 반 정도 소요된다. 현재 시범 사업 중인 1차 의료 방문 진료 제도는 책정된 수가가 한 집 방문당 12만 8천 원 정도다. 장애인 방문 주치의 사업은 경증의 경우 수가가 1차 의료 방문 진료비와 같고, 중증의 경우 19만 2천 원 정도다. 이는 이동에 필요한 교통비, 진료나 처치에 필요한 소모품 비용들이 전부 포함된 비용이다. 방문 진료 시, 한 환자에 대한 진료 시간은 이동 시간까지 해서 대략 한 시간이 넘는다.

환자가 계속 방문한다는 가정하에 진료실이라면 한 시간에 적어도 10~15명 정도의 환자를 진료할 수 있다. 진료실에서 진료한 환자가 모두 단순한 감기 환자라 가정해도 한 시간에 대략 20만 원 이상의 매출이 발생한다.

다시 상기하자면, 이 글은 의사의 사명감이나 사회적 책임 의식에 관한 내용이 아니다. 자본주의 구조 안에서 살아야 하는 입장에서, 자본주의적으로 생각할 수밖에 없는 사람들에 관한 이야기이다. 실제로 의사들은 많은 경우 그렇게 생각하고 있다. 따라서 단위 시간당 벌어들일 수 있는 진료비에 대한 단순 계산만으로도 실속이 없는 진료 행위를, 특별한 의지나 책임 의식 없이는 할 이유가 없다.

의사들이 국가의 보건 정책대로 움직이게 만들 수 있는 방법은 크게 두 가지이다. 의료 서비스에 대한 비용을 충분히 올리거나, 구조 자체를 수정하여 사고 방식의 전환을 유도하거나 말이다. 현재엔 요양 기관 번호가 부여된 병의원에 소속된 의사만이 방문 진료가 가능하다. 만약 방문 진료를 활성화하고자 한다면 병의원에 부여하는 요양 기관 번호 없이도, 의사 면허 번호나 전문의 번호만으로도 진료실을 넘어선 대외적 진료를 할 수 있게 하는 방법도 있지 않을까. 이미 고령화 사회에 진입한 지 오래인 일본은 어떻게 하면 의사들이 방문 진료에 더욱 나설 수 있을까 하는 논의가 활발히 이루어지고 있다. 일본은 주로 방문 진료 수가를 충분히 지급하는 방식으로 의사들의 참여를 유도한다.

그러니까 나는 하고 싶은 진료에 대한 의지와 현실적 여건 사이에서 타협을 통해 지금의 진료 방식을 택한 것이다. 진료 방식은 현실적 여건에 좀 더 많은 비중을 두고 타협한 결과이다. 병원을 관리하고, 직원들이 불만을 가지지 않을 만큼의 적절한 임금을 주어야 하며, 병원을 준비하면서 빌린 대출금을 갚아야 함을 생각하면 당연하다. 자본주의 구조 안에서는 모두가 불안하다. 노동자는 일자리를 잃거나 임금이 줄어들지 않을까, 자본가는 본능처럼 쌓아 올리는 이윤이 줄어들면 혹시 망하는 것은 아닐까 불안하다. 불안은 영혼을 잠식하고, 자본과 화폐의 축적 외 다짐했던 의지를 망각하게 한다. 모두가 인격화한 자본과 인격화한 노동 시간으로서 역할을 다할 뿐이다. 하지만 나는 내가 하고 싶은 진료에 대한 욕망을 아직 버리지 못한다. 아마 많은 의사가 나와 비슷한 생각일 것이다. 오랜 시간을 개원의로 살아와 '인격화한 자본' 그 자체가 되어 버려도, 마음 안에는 의사의 진정한 역할이라는 의미를 품은 씨앗처럼 간직하고 있을 것이다. 구조가 부여하는 불안이 줄거나 걷어지면, 나뿐만 아니라 많은 의사가 사회적으로 필요한 의사로서 역할에 소신을 가지고 임할 것이다. 그러니 나는 현재 의사들에 쏟아지는 '돈만 아는 의사', '불친절하고 매너리즘에 빠진 의사'라는 비난들이 슬프다. 마음 깊숙이 존재하여 쉽게 드러내지 못하는 억울함이 있고, 억압되어 고개를 들지 못하는 소신이 있기 때문이다.

현실적 조건들에 대한 불안과 부담이 지금보다 훨씬 줄어든다면, 나는 주중 2일 오후를 또는 하루를 휴진하며 방문 진료를 다닐 수 있지 않을까?

목요일 오후를 휴진하고, 대체 휴일을 제외한 빨간 날은 모두 휴진하는 지금의 운영 정책은 내 성정과도 연관이 크다. 몸과 마음이 되도록 덜 지치며 오래도록 병원을 운영하고 싶기 때문이다. 진료라는 직업적 업무를 하는 만큼, 개인적이며 사회적인 다른 일도 하면서 몸과 마음이 환기가 되어야 나의 일을 오래 할 수 있을 것이라 생각한다. 오래 병원을 꾸리고 싶은 마음은 자본가의 이윤 추구 성향과는 결이 조금 다른 문제다.

하루, 한 주, 매달 숫자를 보며 마음의 근심을 쌓고 있지만 내 진료 스타일을 유지하며 하고 싶은 진료를 할 수 있다. 내가 원하는 병원의 모습을 꾸며 나갈 수 있다. 이는 '인격화한 자본'이라는 자본가의 본성에 애써 저항하는 꼴이다. 애초에 나는 스스로 유능한 자본가는 못 될 것이라고 판단했다. 어차피 유능한 자본가가 못 될 것이라면, 내 성정을 유지하고 의지를 어느 정도 관철하는 삶이 그나마 버티며 살아가는 방법이지 않을까 생각했다. 다행히도 이 생각과 방법이 아직까지는 지금의 나를 유지하게 만들고 있다.

자본은 영혼을 불안케 하고

"원장님, 내시경 그냥 하시지 그랬어요."

환자가 진료실에서 나가고 잠시 뒤, 간호사가 들어와 웃으면서 타박하듯 나에게 말했다.

자초지종은 이랬다. 국가건강 검진을 받으려 내원한 환자는 기본 검사와 혈액 검사에 위내시경도 대상임이 조회되었다. 때마침 병원에는 내시경 예약이 없었고, 환자는 검사받는다고 아침 금식도 하고 왔으니, 위내시경까지 받는 것으로 신청한 것이었다. 환자가 문진표 작성과 여러 검사를 거친 다음, 설명을 듣기 위해 진료실로 들어왔다.

문진을 마치고 위내시경 과거력을 물어보니, 환자는 약 6개월 전에 다른 병원에서 위내시경을 받은 상태였다. 내시경 결과가 어땠냐고 물어보니, 환자는 단순한 위염과 위식도 역류를 진단받았다고 했다. 나는 잠시 고민하다가 이내 환자에게 이렇게 권유했다.

"오늘은 일단 내시경은 보류하시고요, 증상이 있거나 내시경을 원하신다면 6개월 정도 더 있다가 받으세요."

사실은 내시경을 진행해도 상관없는 상황이었다. 이전의 내시경을 내가 진행한 것도 아니고, 이번 내시경은 국가 검진이기 때문에 보통의 건강 보험 진료와는 별개로 생각해도 무방했다. 하지만 위내시경 검사에서 권고되는 검사 주기는 보통 2년이며, 적어도 1년의 간격을 두도록 한다. 물론 위궤양 등의 치료 경과를 보아야 할 병변이나 악성 의심 병변 등의 면밀한 경과 관찰을 해야 하는 경우라면, 3개월에서 6개월마다의 간격을 두고 검사하기도 한다. 내가 마주했던 환자는 그런 병변이 아닌 일반적인 위염이나 위식도 질환이었다. 굳이 자주 검사를 진행해야 할 필요가 없는 진단이었다. 물론 구체적인 자료 없이 환자의 이야기를 듣고 판단했지만 말이다.

솔직하게 말하자면, 약간의 귀찮음도 작용했다. 국가 검진이 몰리는 연말을 무척 바쁘게 보낸 새해 첫 달에는 검진 환자가 급격히 감소한다. 내시경 검사도 당연히 횟수가 급격히 줄었다.

움직이지 않으니 몸은 더 움직이려 하지 않았다. 진료실 의자에 붙은 엉덩이를, 원칙과 귀찮음을 핑계로 떼지 않았다. 나는 그렇게 검사를 통해 벌어들일 수 있는 약 13만 원 정도를 포기했다. 간호사가 그런 계산까지 하지는 않았을 것이다. 단지 내시경을 할 것이라 판단하고 미리 해 둔 준비가 아쉬워서 그랬을 것이다.

어쨌든 나는 이렇게 환자에게 원칙을 고수하며 합리적인 진료를 하는 좋은 의사가 되었을 수도 있다. 원칙을 고수하든 아니면 귀찮음에 기인하든, 나는 대체로 좋은 의사 이미지를 가지고 있다. 수가가 높은 처치나 검사를 적응증이 분명한 경우가 아니면 먼저 권유하지 않고, 비급여 치료인 충격파나 도수치료를 서둘러 권유하지도 않는다. 몸살감기로 힘들어 하는 환자가 수액을 맞겠다고 먼저 이야기하면, 속으로 '감사합니다' 하며 인사를 한다. 나는 이렇게 정말 좋은 의사 이미지를 만들어간다. 훌륭하거나 실력이 좋은 의사와는 또 다른 의미이다. 그런데 이게 정말 좋은 의사로 살 수 있는 방법인지는 의문이다. 설령 좋은 의사로 살 수 있는 방법이라 해도, 나는 그런 이미지를 지속하며 진료를 이어 갈 수 있을까?

내가 중단시킨 내시경 검사는 원칙을 고려한 의사의 합리적 판단이지만, 병원은 13만 원의 수익을 잃는 순간이었다. 그

13만원은 병원 운영과 직원들의 임금에 녹아들고 나의 이윤에
도 스며드는 금액이었다. 이것만 그럴까. 내가 원칙을 내세우고
귀찮음을 핑계로 하지 않는 수많은 시술과 검사는, 내가 먼저
권유하지 않는 비급여 수액들은 병원 입장에서는 누적되는 잠
재 손실이다. 나는 병원에 투자한 대출금을 갚아야 하고, 매달
정기적으로 소비되는 운영 비용을 충당해야 하며, 직원들에게
약속한 임금을 안정적으로 지급해야 한다. 내가 가져가는 이윤
은 일단 차치하고 말이다. 그러자면 나는 열심히 매출을 만들어
내야 한다. 모든 처방이 나의 판단에서 비롯되고 그것이 온전히
매출로 이어지는 병원에서, 내가 게을러지면 병원 운영은 위태
로워질 수 있다. 게다가 병원 운영과 인력 관리로 신경 써야 할
일들이 무척이나 많은데, 봉직의 시절보다 못 버는 허탈과 자괴
감은 느끼지 않아야 할 것 아닌가. 그렇다면 나는 병원 운영의
관점에서는 좋은 의사인가 하는 의문이 생긴다. 원칙과 게으름
이 뒤섞인 나는 원장으로서 과연 좋은 의사인가? 간호사의 가
벼운 타박이 순간 옆구리를 묵직하게 찌르는 기분이 든다.
　원칙을 고민하는 의사와 경영을 잘 하는 의사 사이에서의 균
형 잡힌 지점을 찾아 위치하는 일은 일종의 능력이다. 윤리와
합리를 고민하며 경영을 신경 써야 하는 대부분의 자영업자 역
시 마찬가지 능력을 요구당한다. 생존은 균형점을 찾은 이들에

게 주어지는 선물 또는 권리이다. 한쪽으로 기울어지면 도태되거나 시스템의 규제나 처벌을 받는다. 의료는 인간의 삶에 직접적으로 적용되는 사회 서비스로 인식되며, 그러기에 건강 보험과 의료 수가라는 제도에 묶여 있다.

　대한민국의 의사는 의대 입학에서부터 개원에 이르기까지 모든 순간을 스스로 극복하고 스스로 준비한다. 개원을 하는 순간 주변 사람들에게 '돈 많이 벌어라', '대박 나라'라는 덕담을 쉽게 듣는다. 하지만 의료는 인간의 삶과 매우 밀접하다는 인식 탓에 의사가 돈을 많이 벌면 일단 '돈만 아는 의사'라는 비난을 쉽게 받는다. 반면 건강 보험이 원칙적인 진료를 보장해 주는 것도 아니다. 수가와 치료 기준을 제시하는 건강 보험 심사평가원의 정책은 많은 경우 교과서적 치료 원칙과 다른 모습을 보이고 있어 의사들로 하여금 종종 의아함을 자아낸다. 오죽하면 의사들 사이에서 '심평의학'을 따로 배워야 한다는 자조 섞인 이야기가 나올 정도이다. 저수가 정책에 대한 넋두리는 이제 지겨울 정도이다. 여러 현실적 조건 때문에 건강 보험에 속한 급여 진료만 하는 일은 병원 운영면에서 상당히 위태로운 일이기도 하다.

　하고 싶은 대로 진료를 하면서도 2년이라는 시간을 아무 문제 없이 잘 버텼다는 사실에 감사하다. 나는 여전한 성정과 무

딘 감각으로 지금처럼 진료를 이어 나갈 것이다. 따라서 내가 경영하는 병원의 앞날은 알 수 없는 무엇이 되어 버렸다. 원칙과 자본 경영 사이 어느 지점에 서야 할지 여전히 판단하지 못하는 나는 그저 순간순간을 버티며 살아갈 것이다. 그게 나와 병원에 장점이 될지 아니면 치명적 단점이 될지는 알 수 없다. 이는 내가 좋은 의사가 될 수 있는가의 여부와 직결된다. 대한민국에서 좋은 의사란, 친절하고 적절한 진료를 하며 병원 경영도 합리적으로 해 나갈 수 있는 사람이다. 이 조건이 마치 너른 들판에서 날뛰는 두 마리 토끼를 한꺼번에 잡아야 한다는 말 같이 들리는 이유는, 내가 대한민국이라는 국가의 구조 안에 있기 때문이다. 자본의 영혼을 마음에 담고 자본의 유혹을 떨쳐야 한다는 이 기이한 구조 안에서 희생당한 건 의사들의 마음인지 모른다. 희생당하고 변질되어 버린 마음을 바라보며, 원래부터 저렇게 질이 안 좋은 인간들이었다는 오해 섞인 비난을 받고 있는 것은 아닌가 하는 것이다.

자본의 본성과 통제 사이

마르크스는 자본론을 통해 노동 배분의 공동체 질서가 없는 자본주의 사회에서 어떻게 합리적인 노동 배분이 이루어지는가를 분석하려 했다. 우리가 살고 있는 사회가 국가 권력에 의한 계획 경제 체제라면, 국가는 사회적 노동 시간을 배분하여 노동력을 의도에 맞게 분산시킬 것이다. 이를테면 국가가 가용한 사회적 노동 시간이 1,000만 노동 시간이라고 할 때, 식량을 생산하는데 400만 노동 시간, 옷과 생필품을 만드는 데 300만 노동 시간, 집과 건물을 짓는 데 300만 노동 시간을 할당하여 노동력을 나누어 활용할 것이다. 하지만 자본주의 체제에서는 모든 노동은 사적 이익을 염두에 두고 이루어진다. 생산은 각 분야가 사회적으로 얼마나 필요할 것인가를 고민하지 않는다. 각자가 최대의 이윤을 얻을 수 있을 것이라는 각자의 계산하에 생산은 제각각 이루어진다. 그러면서도 각 분야의 생산은 저마다 유기적으로 얽히면서 나름의 노동 배분을 이루며 사회를 유지하게 한다.

사적 이익을 위한 과잉 생산은 결국 공황으로 이어지기는 하지만 자본주의 사회는 아직까지 망하지 않았다. 또한 사람들로 하여금 다른 체제를 대안으로 상상하도록 내몰지 않았다. 마르크스는 사적 노동과 사회적 노동 배분이라는 자본주의의 독특한 생존 방식을 분석하는 데 몰두하다가 결국 미완의 저작을 남기고 사라졌다.

자본주의 체제에서는 생산력이 고도화될수록 이윤율은 저하되는 경향이 있다. 불변 자본(생산 수단)이 거대화되고 상대적으로 가변 자본(노동력)이 감소하면, 잉여 가치의 원천은 노동력 사용에 있기 때문에 이윤율이 저하하는 것이다. 이윤율이 저하되는 또 다른 요인은 서비스 부문의 확장이다. 서비스 부문은 제조업 등의 직접적인 물질 생산 부분에서 만들어진 잉여 가치로 부양되는 부문이다. 서비스 부문도 스스로 가치교환과 이윤을 만들어 내기는 하지만 실질적 생산업인 제조업의 흥망의 폭에 따라 서비스 부문은 그 폭이 더욱 심하게 요동친다.

의료는 사회 서비스 부문의 한 분야이다. 그리고 의료는 국가의 운영 부문에 포함되는 영역이다. 국가의 운영은 제조업 등의 실질적 생산 부문을 포함한 다양한 가치를 생산하는 영역에서 만들어진 잉여 가치에 의해 이루어지는 서비스 영역이므로, 의료 서비스 역시 이에 속하여 운영이 이루어진다. 자본주의 체제에서 생산력이 점점 고도화되면 이윤율은 저하되는 경향이 있다고 앞서 이야기했다. 그렇다면 국가의 운영도 이윤율 저하의 경향에 따른 운영의 압박을 받을 것이다. 하위 서비스에 속하는 의료는 더욱 압박이 크다. 국가가 매년 의료 수가를 책정할 때, 물가상승률에 미치지 못하는 수가 인상률을 제시할 수밖에 없는 이유 중 하나이다.

　하지만 자본주의 사회인 한국에서 병원은 90퍼센트 이상이 사적 이윤을 위해 운영된다. 의사 개인이 병원을 준비하여 생산 수단을 사유하고, 전문 노동 인력을 고용하여 노동력을 구성한다. 그리고 최대의 이윤을 얻기 위해 노력한다. 마르크스가 분석하려 했던 사적 노동과 사회적 노동 배분이라는 관점에서, 의료는 어떤 위치에서 어느 정도의 배분을 담당하고 있는가를 분석하는 일은 매우 어렵다. 동시에 서비스 부문이자 국가의 사회 보장 영역에 위치한 의료는 국가의 운영에 따라 가치를 통제받는다. 말하자면 국가의 운영과 사회 보장 서비스라는 영역 안에서 계획 경제 관점에서 운영되고 있는 셈이다. 따라서 의료는 자본의 본성과 국가의 인위적 통제 사이에서 심한 정체성의 혼란과 구조적 아이러니에 휩싸인다.

역사적으로는 준비되지 않은 상태에서 무리하게 의료 보험을 시행했다는 점에서 정체성 혼란과 아이러니의 원인을 찾아볼 수 있다. 국가는 의료 시스템을 건강 보험이라는 통제 안으로만 강제로 포섭했지, 그에 따른 의료 인력 육성이나 병원 경영에 대해 전혀 관여하지 않았다. 국가가 운영하는 사회 보장 서비스이지만, 포괄적인 관점에서 주체성과 정체성을 획득하는 데는 매우 게으르거나 애써 외면하는 얄미운 모습을 보인 것이다. 국가가 비대해지면서 운영 역시 비대해졌지만, 자본의 고도화로 이윤율은 점점 저하되고 있다. 의료 서비스에 통제권을 가진 국가는 물가상승률보다 낮은 수가 인상이라는 방식으로 비용을 쥐어짜고 있다.

이 글을 쓰는 2024년 상반기 현재, 정부는 필수 의료 살리기라는 명목으로 의사 수를 대폭 늘리겠다고 공언했다. 구체적인 안이 없어 판단하기 어렵지만, 막무가내로 의사의 숫자만 늘리면 일단 의사의 임금은 줄어들 것이다. 개원의의 이윤도 줄겠지만, 봉직의나 전공의의 임금도 줄어들면서, 병원은 좀 더 수월하게 의사들을 활용할 수 있게 된다. 결국 병원의 이윤에 봉사하는 결과만 낳는다. 하지만 의사가 많아지고 의료 행위가 많아지면 그만큼 건강 보험 재정은 부담이 증가한다. 건강 보험료를 그만큼 국민에게 더 걷어야 한다. 그렇지 않다면 건강 보험 재정은 위태로워지다가 결국 급여 영역의 축소 또는 당연지정제의 폐지 등으로 이어질 것이다. 이는 현재 근근이 버티는 사회 보장 제도로서의 건강 보험이 무너진다는 의미이다. 이후로는 환자의 본인 부담 비율이 증가할 것이고, 건강 보험과는 무관한 영리병원이 나타날 것이다. 의료 민영화가 시작되는 것이다.

사실 국가가 필수 의료를 살리고 좀 더 나은 의료 서비스로의 개선을 원한다면, 국가가 의료 영역의 많은 부분을 수렴하여 공공 의료 비율을 높이는 방법도 있다. 또한 의료 인력을 육성하는 데 국가가 적극적으로 지원하고 관여하여, 사회 보장 서비스로서의 의료 통제에 정당성을 획득하는 방법도 있다. 하지만 역사적으로 수많은 정권이 그래왔듯 권력은 언제나 이기적이고 근시안적이었다. 동시에 2024년의 현 정권처럼 무식하고 의뭉스럽게 의도를 잘 드러내지 않기도 한다.

자본주의는 현존하는 경제 구조이다. 마르크스의 자본론은 자본주의를 설명하는 경제학의 한 줄기가 아니다. 자본론은 단적으로 철학의 영역이다. 사물과 현상을 분석하고 설명한다는 점에서 자본론은 단지 자본주의를 분석하고 설명하는 철학이다. 그렇다면 자본주의 구조 안에서 존재하는 의료는 어떤 모습으로 어느 자리에 위치하고 있을까? 한국 사회에서 활동 중인 의사의 한 사람으로 가졌던 궁금함이었다. 그리고 나름의 공부를 하면서, 한국 사회에서 의사들의 일반적 이미지, 그리고 의료 행위 안에서 보이는 갈등과 이질감의 이유가 어디에서 비롯되고 있는지, 원론적인 관점에서 파악할 수 있었다. 그러나 대안은 보이지 않는다. 철학의 성향대로 분석하고 설명할 뿐이다. 좀 더 깊고 넓은 이야기를 담아내지 못하는 개인의 한없는 부족함 때문인지도 모르겠지만 말이다.

역사는 때마다 과거의 모습을 토대로 만들어지는 현재의 반복이다. 미래는 설명될 수 없다. 현재를 토대로 알 수 없는 모습으로 미래는 곧 현재가 될 뿐이다. 그래서 어느 역사가는 역사는 목적성이 존재하지 않는다고 단언한다. 목적과는 상관없는 물리적 반응의 결과가 반복되며 이어진다고 보기 때문이다. 보이지 않는 대안 역시 그렇다. 의료의 미래는 지금의 우리가 보고 있는 현재의 모습을 토대로 형성되어 어느 날 현재가 되어 있을 것이다. 미천한 개인인 나는 지금 보고 있는 의료의 모습을 자본론이라는 철학적 관점에 기대어 분석해 보았을 뿐이다. 내가 몸담은 한국 의료의 미래는 여전히 알 수 없다. 2024년 전반, 의료를 중심으로 벌어지고 있는 대혼란 속에서는 더더욱 알 수 없다. 그저, 여전히 자본론적 관점에서 혼란과 갈등의 원인을 살펴볼 뿐이다.

자본가 그리고 개원의의 이윤

《시골 빵집에서 자본론을 굽다》의 저자 와타나베 이타루는 일본의 작은 시골 마을에서 다루마리라는 이름의 빵집을 운영하며 이윤을 남기지 않는다고 말한다. 빵집에서 일하는 노동자들을 착취하며 돈을 벌고 싶지 않다는 이유로 말이다. 빵집을 운영하며 정말 이윤을 남기지 않는 일이 가능한가 하는 의문이 바로 생기지만, 그는 차분하게 설명한다.

우선 전 직원에게 돈의 흐름을 설명하고, 인건비와 재료비의 비율을 다른 빵집보다 높임으로써 이윤을 최대한 낮춘다고 한다. 이윤이 노동자들의 임금과 비슷한 수준이 되면, 착취라고 설명할 수 없는 상황이 된다. 하지만 그도 자신이 처한 특수한 상황과 나름의 고민을 이야기한다. 우선 임대료가 저렴한 시골에서 빵집을 운영하기에 가능하다고 설명한다. 또한 손익분기점은 넘겨야 빵집 유지가 가능하므로 그 지점을 항상 신경 쓴다고 설명한다. 그도 자본가의 입장에서 어쩔 수 없이 생각해야 하는 것을 고민하고 있었다. 그런 고민을 안고 이윤을 없애기 위해 노력하는 자본가라는 모습은 의아함과 대단함의 시선을 동시에 받는 특이한 사람임에 분명하다.

자본주의 사회를 살아가는 자본가가 이윤을 포기하며 자신의 사업을 운영하는 예가 다루마리 빵집 말고 또 있을지 모르겠다. 여건이 허락하고 의지가 있다면 그런 자본가도 있지 않을까 싶지만 말이다. 또는 영세 사업장을 운영하며 손익분기점을 겨우겨우 넘기며 버티는 자영업자가 다른 의미로 이윤을 포기해 가며 사업을 이어 가는 모습일 수도 있겠다. 선의와 의지보다는 고군분투의 의미가 더 가깝겠지만 말이다. 나의 경우는 어떨까? 단적으로 말하자면 불가능한 의지이다. 내가 아무리 그런 의지를 가지고 있어도, 높은 임대료와 비싼 장비들의 유지 관리비 등을 생각하면 이윤은 포기할 수 없는 부분이다. 의료는 노동력뿐만 아니라 비싼 의료 장비들을 관리해야 하기에 단지 이 한 가지만 생각하더라도 이윤은 앞날을 위한 일종의 저축과도 같다.

여러 번 언급했듯이, 이윤은 자본가의 목적이다. 이윤을 만들지 않는다고 말하는 다루마리 빵집도 상대적 규모의 차이가 있을 뿐 자본가인 주인이 가져가는 금액은 결국 이윤에 해당한다. 이윤으로써 자본을 축적한다고 하지만 축적 이전에 자본가의 삶을 영위해야 하고, 이윤의 일부는 나중에 의료 장비의 교체나 수리, 공간 관리 등에 사용되어야 하기에 축적 이전에 필요의 의미를 가진다. 따라서 이윤은 자본가의 당연한 필요이며, 나 역시 이윤이 발생하지 않으면 병원을 유지할 수도, 운영할 이유도 발생하지 않는다.

하지만 한국 사회에서의 병원은 사적 생산 수단의 의미로 세워지고, 수익 또는 이윤은 건강 보험 체제의 수가 통제를 통해 제한된다. 의료의 많은 문제가 이런 아이러니와 정체성의 혼란 속에서 발생한다. 하지만 병원은 다른 업종에 비해 잘 망하지 않는다.

의료는 건강 보험이라는 재정을 바탕으로 자본이 순환되기 때문이다. 그리고 의료의 가치가 원가 이하라는 비판을 피하지 못하지만, 원가 보전이 유리한 의료 행위를 최대한 많이 시행하거나, 비급여 영역을 최대한 끌어들여 매출을 늘리려 노력한다. 그렇게 함으로써 상대적으로 다른 분야의 자영업보다 나은 수익을 유지할 수 있다.

의사들의 불평이나 문제제기들이 보편의 사람들에게 쉽게 받아들여지지 않는 이유 중 하나이다. 이런 현실 속에서 자본의 논리상 어쩔 수 없이 자본가이자 원장의 불만은 언제나 존재한다. 사적 생산 수단으로 사적 이윤을 추구하는 병의원의 구조가 제도에 의해 부정당하고 있으니 말이다.

그렇다고 국가는 사회 보장 서비스인 의료를 손에서 놓을 수는 없다. 어떻게든 국가의 통제 안에 있게 해야 하는 노력이 필요하다. 의료 서비스는 노동력으로서의 국민을 국가가 관리한다는 의미와 국민의 사회적 권리라는 인식이 보편화되어 있기 때문이다. 그렇다면 건강 보험이 의료 수가를 통제하는 행위는 이해되지만, 의사 입장에서는 정당성에 문제를 제기할 수밖에 없다. 한국 사회에서 의사는 오로지 자신의 투자와 노력으로만 양성되며, 병원 설립 역시 의사 개인의 투자로만 이루어지기 때문이다. 자본주의 사회에서 이윤 추구를 통제받는 사적 생산 수단이라는 아이러니는, 오래전부터 의사들의 내부에 쌓여 온 불만의 한 근원이자 정체성 혼란의 이유다. 우리나라는 체계 없이 급격하게 의료 보험제도를 만들어 운영하면서, 의사들에 대한 배려는 거의 없었음이 사실이다. 2000년 의약 분업 사태를 포함하여 최근까지 일어나는 의료에 관련한 갈등은 그래서 매우 오래되고 깊은 근원을 가지고 있다.

국가가 의료를 통제하기 위해 정당성을 가지려면, 국가가 의료 인력 양성과 의료 시스템 구축에 어느 정도 개입하고 관여해야 한다. 캐나다처럼 수련받는 전공의의 급여를 국가가 부담한다거나, 독일처럼 국가가 지정한 위치에 병원을 개설할 경우 개원 자금의 일부를 지원하거나 하는 형식으로 의료 인력이 국가의 통제를 수긍할 수 있는 현실적 제도가 필요하다. 의대생이나 의료 관련학과 학생들의 학비를 지원하는 방법으로, 그렇게 양성한 의사를 포함한 의료 인력들이 국가의 통제나 정책을 수긍할 수 있게 하는 방법도 있을 것이다.

10퍼센트를 넘지 못하는 현재의 공공 의료 영역을 대폭 늘리고, 국가가 양성한 의사들을 공공 의료 영역에서 고용하거나, 일정 기간 의무적으로 일하게 하는 방법도 있을 것이다. 국가가 의료를 통제하는 데 있어 정당성을 획득하는 방법은 그 외에도 여러 방법이 있을 것이다. 이런 방법이 어렵거나 원치 않는다면, 국가가 원하는 대로 의사들이 움직이게끔 일정 분야의 수가를 현실화시키는 방법도 있다. 일본과 같이 왕진 수가를 대폭 늘려서 고령화 시대에 의사가 직접 찾아가 진료를 하게 유도하는 방법도 있다. 하지만 현재 한국의 정치 권력은 이런 생각을 전혀 하지 않고 있다. 의사들의 정체성은 여전히 혼란스럽고, 국가의 정당성은 끊임없이 비판을 받고 있다.

결국 사회 보장 서비스로서의 의료는 자본의 속성과 어느 정도 거리를 두어야 한다. 자본의 속성을 인정하는 순간, 의료는 〈식코〉의 미국식 의료가 될 것이고, 자본의 속성을 아예 배제하는 순간 영국의 답답한 의료 시스템과 같이 될 것이다. 그렇다면 그 사이에서 의료를 자본의 속성과 어느 수준으로 거리를 두어야 하는가 고민스럽다. 이는 국가가 결정할 일이며, 결정한 위치에서 어떻게 정당성과 합리성을 갖추어야 하는가 역시 국가가 고민해야 한다. 그 결정 안에서 움직여야 하는 의사는 자본가의 정체성과 의사 자체의 정체성 사이의 어느 지점에 수동적으로 위치하게 된다. 동시에 의학적으로 최종이나 다름없는 결정권을 가진 의사는 결국 사회 보장 서비스 안에서 국가에 협력하며 움직이게 된다. 하지만 지금과 같이 구조 안에서 정체성의 혼란을 겪어야 한다면, 이는 국가가 해결해야 하는 문제이자 국가의 책임이다. 자본 권력이 국가 권력보다 좀 더 우세해진 세상이지만, 국가가 책임지는 의료는 자본과의 거리를 둘 수밖에 없기 때문이다. 의료 인력 양성에 관여하고 지원하는 정책과 같이, 국가는 의료 시스템 전반에 좀 더 깊게 발을 들여야만 한다.

인격화한 자본으로서의 자본가 속성은 언제나 내 마음을 쥐고 흔든다. 매 순간 내가 손에 쥘 수 있는 이윤은 어느 정도인지

가늠한다. 손익분기점에 대한 고민은 하지 않아도 되니 그 점은 감사하다. 그렇다고 내가 엄청난 이윤을 벌어서 대단한 사치를 누리고자 함도 아니다. 나는 그저 적당한 이윤을 가져가며 내가 바라는 소소한 삶을 살아가고 싶을 뿐이다. 하지만 나는 당장 개원과 집에 투자한 대출부터 갚아 나가야 한다. 이제 곧 수험생이 되는 아이의 뒷바라지와 임대료를 준비해야 한다. 또한 병원과 장비의 관리에 대한 불안은 언제나 존재한다. 그런데 내가 바라는 소소한 삶을 위해 필요한 이윤은 어느 정도가 적당한지 알 수가 없다.

나는 언제나 불안과 불확실성의 암연 속에서 발버둥친다. 다루마리 빵집 같은 이윤 없는 사업은 생각조차 할 수 없다. 나는 소심한 하나의 인간이자 세상 논리 속에서 평범하게 존재하는 일개 자본가일 뿐이다. 동시에 의사로서 정체성을 지키고 싶은 작은 욕심을 가지고 있다. 그 욕심을 위해 나를 통제하는 국가가 좀 도와줬으면 하는데, 국가는 통제만 할 뿐 자본가의 정체성에 가까운 상태의 나에게 도움의 손길을 내 줄 생각조차 하지 않는다. 나의 불만과 불안은 그래서 국가에 어느 정도의 책임이 있다. 나뿐 아니라 구조 안의 거의 모든 의사가 정체성의 관점에서 국가에 불만을 가지고 있다. 그들이 의식하든 의식하지 못하든 상관없이 말이다.

복잡하고 왜곡된
한국 의료의 구조와 현실

의사가 개원을 하면 당연지정제를 통해 국민 건강 보험 요양 기관으로 의무적으로 가입이 된다. 이는 강제 사항으로, 병원이 국민 건강 보험에 가입된 환자를 진료하고, 국가가 지정한 의료 수가에 따라 정해진 진료비를 국가에 청구하고 환자에게는 본인 부담금만 받도록 되어 있다. 현재는 거의 모든 국민이 건강 보험에 가입되어 보험료를 내고 있으므로, 병의원도 의무적으로 국민 건강 보험 요양 기관으로 가입시킴으로써, 국민의 의료 이용에 불편함이 없게끔 하려는 의도이다. 사실 당연지정제의 시작 역시 국가 권력의 일방적 강제를 바탕으로 이루어졌다. 1977년 의료 보험을 시작한 박정희 정권이 턱없이 부족한 공공병원이나 보건소 등을 대체하기 위해 민간 병원을 강제로 가입시킨 데에서 유래한다.

우리나라의 급여 구조는 조금 복잡하다. 용어도 현실 안에서는 혼동해서 쓰는 경우도 많아 의미를 헷갈리기 일쑤다. 우선 요양 급여라는 단어의 의미부터 알아보자. 요양 급여란, '건강 보험과 산업 재해 보상 보험에서 지급하는 보험 급여 중 가장 기본적인 급여'를 의미한다. 국민건강보험법 41조 및 산업재해보상보험법 40조 4항에 따르면, 진찰 및 검사·약제 또는 치료 재료의 지급·처치, 수술 및 그 밖의 치료·예방, 재활·의료시설에의 수용·간호·이송 등이 포함되며, 산업재해보상보험의 경우와 기타 고용노동부령으로 정하는 사항을 요양 급여의 범위에 포함시킨다.

사회 보장 기본법에 따라 건강 보험은 사회 보장 서비스 하위 항목의 사회 보험 영역에 해당된다. 진료가 이루어지는 실제 현장인 병원 진료실에서는 건강 보험 외에도 의료 급여와 자동차 보험 환자를 만나게 된다. 자동차 보험은 자동차 사고 당사자가 병원에서 진료를 받고 나면, 그 진료비를 각자가 가입한 사설 자동차 보험회사나, 영업용 자동차의 경우 가입된 자동차 보험 공제조합을 통해 지불받는다. 의료 급여는 '생활 유지 능력이 없거나 생활이 어려운 저소득 국민의 의료 문제를 국가가 보장하는 공공부조제도'로서, 사회 보장 서비스의 공공부조 영역에 속한다. 건강 보험, 의료 급여, 자동차 보험 항목의 진료는 모두 국민 건강 보험 심사평가원의 심사를 받아 진료 적정성을 평가받는다. 평가가 끝나면 세 영역의 진료비는 각각 다른 경로를 통해 병원의 청구 비용으로 들어온다.

여기까지가 우리가 건강 보험의 통제를 받는 급여 진료 영역이다. 이와 다른 진료 영역으로는 비급여 영역이 있다. 이는 크게 건강 보험이 진료비를 보장해 주지 않는 진료 영역이다. 비급여는 다시 인정(법정)비급여와 임의비급여로 나눌 수 있다. 일단 임의비급여는 치료나 시술의 효과가 인정되지 않는 진료 행위로 불법이다. 인정(법정)비급여는 요양 급여에서 제외되는 범위의 진료로, 질병·부상의 치료 목적이 아니거나, 업무 또는 일상 생활에 지장이 없는 질환, 또는 기타 보험급여의 원리에 부합하지 않는 진료를 말한다. 단순 피로나 권태, 점이나 여드름, 성기능이나 생식기 기형 등의 일상생활에 지장을 주지 않는 피부 및 비뇨생식기 질환·미용 목적의 성형 수술이나 후유증, 마약 중독 또는 향정신성 의약품 중독, 예방접종, 건강진단, 보조기·보청기·의수족·의안 등의 재료비, 입원 중의 식대 및 병실료 차액 등이며, 이에 더하여 기타 보건복지부 장관이 정하는 사항 등이 포함된다. 또한 효과가 분명하나 보험 재정상

급여에 포함할 수 없는 항목이 있다. 도수 치료나 충격파 치료 등이 해당된다. 두서없이 나열하였지만, 우리가 피곤하면 병원에서 맞는 고용량 비타민 수액이나 비만·피부미용·성형수술 및 시술 등이 인정(법정)비급여에 포함된다고 생각하면 쉽다.

비급여 진료 항목은 국가가 통제하지 않으므로, 병원에서 자체적으로 가격을 산정한다. 예전에는 산정한 가격표를 원내에 환자가 잘 볼 수 있는 곳에 게시하는 것으로 의무 사항을 두었다. 하지만 2023년부터는 병원이 시행하는 비급여 항목과 가격을 국민 건강 보험공단 요양 기관 정보마당 사이트에 의무적으로 보고하도록 하는 비급여 진료비용 보고제도를 시행하고 있다. 비급여 진료비용 보고제도는 병원의 비급여 진료비용에 대한 '국민의 알권리'를 충족시키고 과도한 비급여 진료비를 억제하겠다는 취지로는 긍정적이다. 하지만 시장 논리에 따라 형성된 가격을 국가가 과도하게 통제하는 것은 합리적인가라는 문제가 존재하며, 필요한 치료 영역을 건강 보험의 영역 안으로 제때 포함시키지 못한다는 구조적 한계를 애써 외면한다는 비판을 피할 수 없다. 또한 이 책의 중심 주제인 자본적 관점에서 드러나는 근본적 딜레마를 더욱 심화시킨다는 점에서 한국 의료 구조의 정당성에 대한 비판 역시 가중될 수밖에 없다.

보험 진료는 건강 보험 재정으로 이루어진다. 우리나라의 건강 보험 정책은 대체로 급여 항목(보험 진료 항목)의 진료 행위 원가(수가)를 최대한 낮추고 매번 수가 인상률을 물가 인상률보다 낮게 잡음으로써 재정 건전성을 유지하려고 노력한다. 한마디로 의료 행위자를 쥐어짜는 방식으로 재정 유지를 도모한다. 동시에 점점 늘어나는 병의원, 특히 1차 의료 기관의 수와 점점 늘어나는 의료 행위들이 청구하는 진료비는 재정 건전성을 위협한다.

우리나라는 행위별 수가제를 시행한다. 행위별 수가제는 의료인이 의료 기관에서 제공한 의료 서비스에 대해 각각의 서비스별로 수가를 산정하여 사용량과 가격에 따라 진료비를 지불하는 제도이다. 전체적으로 관망하자면, 병의원 입장에서는 건강 보험의 정책으로 실수익이 점점 악화되는 구조다. 따라서 좀 더 많은 검사와 처치를 하여 청구하는 비용을 되도록 많이 만들어야 한다. 동시에 성형이나 미용, 도수 치료 등의 비급여 진료를 환자에게 더욱 권하게 된다. 우리가 병원에 가면 주사 하나라도 더 놓으려 하고, 좀 더 많은 시술이나 비싼 치료를 권유받게 되는 이유가 여기에 있다. 수많은 병의원에서 수많은 검사와 처치와 처방이 이루어지면, 건강 보험의 재정은 그만큼 부담이 되는 것이다. 동시에 병원에서 이루어지는 교과서적 또는 원칙적 처치나 처방은 구조적으로 왜곡될 수밖에 없다.

일반적으로 처방이나 처치의 왜곡은 1차 의료 기관에서 많으며 상급 의료 기관으로 올라갈수록 덜하다. 특히 2차나 3차 의료 기관인 대학병원에서는 좀 더 원칙적인 진료와 처치를 고수한다. 원칙적인 관점에서 이는 바람직해 보이지만, 한국 의료 구조의 현실에서는 참담하다. 2023년 한 해, 제주대학교 병원은 300억의 적자로 직원 임금 지불도 어려울 뻔했을 만큼 심각한 운영난에 빠졌다.

요양급여 진료에 우리가 최근 많이 접하고 있는 필수 의료, 바이탈과의 대부분 영역이 포함된다. 국민 건강 보험법에 따라 검사·치료·수술·간호 등 의료의 가장 근본을 이루는 행위와 더 깊게는 환자의 생명과 직결되는 행위가 요양급여 진료에 포함되어야 함은 당연하기 때문이다. 그리고 건강 보험의 재정과 수가 산정, 통제의 줄다리기 속에서 오랜 시간 복잡하게 얽혀 온 영역 역시 필수 의료 영역이다. 그 결과는 이미 우리가 아는 모습 그대로다.

수련의 주체인 전공의를 값싼 노동력으로 활용하였다. 식당, 장례식장, 기타 임대시설 등을 병원 내에 두어 부수익을 도모했다. 적용할 수 있는 비급여 진료 영역을 확대하여 환자의 부담금을 늘리기도 한다. 바이탈과의 의사들은 전문의든 전공의든, 소위 '바이탈 뽕'으로 고된 수련과 노동에도 자존감과 자신감을 키워 나가고 있었다. 그러다 2017년 이대목동병원의 신생아 사망사건을 계기로 의료진들이 구속되는 일이 발생했다. 이후로 필수 의료는 상당한 법적 부담을 안을 수밖에 없었다. 치료 과정 중 조금의 문제가 발생해도 법적 구속 또는 엄청난 벌금을 물어야 하는 상황에서 마냥 '바이탈 뽕'만 생각하며 수련과 노동과 진료를 이어 나갈 수는 없었던 것이다. 그러다 근근이 유지되던 이 상황을 저수지 둑이 터지듯 한꺼번에 무너뜨린 사건은 2024년 의대 증원 계획이다. 대책 없는 2,000명 증원에 필수 의료과를 낙수과로 만들고 의사들을 범법자 다루듯 하는 정부에, 의사들은 냉정한 현실과 자존감의 무의미함을 깨닫는다. 전공의들의 집단 사직은 겨우 이어져 오던 의료 구조의 한 축이 급격히 붕괴되는 사건이었다.

무너지는 것은 왜곡되고 꼬인 채로 이어져 오던 요양 급여 진료 영역이었다. 전공의가 있던 곳은 2차나 3차 수련병원이나 대학병원이었다. 원칙적 진료를 최대한 고수해 오던 상급병원의 진료 시스템이 무너지며 날 것 그대로 드러낸 것은, 그러니까 전공의들이 자리를 떠나면서 드러낸 것은, 지속 불가능할 정도로 왜곡된 의료 현실이었다. 그것은 다시 이야기하자면, 필수 의료 영역이 이제껏 뒤틀린 채로 현실을 버텨냈다는 의미이다.

전공의들이 떠난 자리를 교수나 스태프로 근무하는 전문의들이 최대한 버티고 있지만, 앞길을 모르는 암담함 속에서 버팀이 계속 지속될 것이라 생각하는 사람은 아무도 없다. 이런 대란이 일어난 사이, 비급여 진료 영역은 아무런 변화도 반응도 없었다. 비급여 진료는 시장 영역에서 그 논리에 따라 나름의 수요와 공급법칙을 따라가며 이제까지 해 왔던 대로 생존을 이어 가고 있다. 의료 대란의 후폭풍으로 비급여 진료 영역으로 의사들의 많은 수가 이동하면 경쟁은 좀 더 심해질 것이다. 필수 의료 또는 요양 급여 진료 영역을 채워야 할 의료 인력들은 그렇게 점점 줄어들 것이다. 세상을 유지할 정말 필요한 의료보다는, 좀 더 많은 수익을 낼 수 있는 의료 영역으로 의료 자원은 이동할 것이다. 아무런 계획도 생각도 없었던 정부의 무지하고 무리한 정책이, 그나마 근근이 버티고 있던 한국의 의료 시스템을 무너뜨리고 있다. 그것도 철저한 자본 논리에 승복하는 방향으로 말이다.

2,000이라는 숫자가 무너뜨린 것

2,000명이라는 숫자는 자체로 심적 허탈감을 유발했다. 갑자기 그리고 때아닌 의대 정원 2,000명 증원 소식은 앞으로 무엇이 어떻게 변할 것인지조차 상상할 수도 없었다. 숫자 말고는 구체적인 계획이 없기도 했지만, 숫자의 규모 자체가 사고를 마비시켰다. 사고의 마비는 그대로 허탈로 이어졌고, 뒤이어 벌어진 의료계에 대한 정부의 폭력적 압박에 다시 분노로 변했다. 아무것도 없이 2,000명의 증원만 내놓은 정부는 대체 무슨 생각인지, 생각이란 걸 하고는 있는 것인지, 알 수 없는 노릇이었다.

정부는 지방 의료를 살리겠다고는 하지만 병원들은 수도권

내에 6,600병상의 분원을 계획하고 있었다. 또한 2,000명의 의대 증원을 모두 지방에 있는 대학에 배분하였지만, 그들이 의사가 되어 일을 할 때엔 어쩔 수 없이 상당수가 병상이 증가된 수도권 내의 병원으로 와서 수련 및 진료 활동을 하게 된다. 지방의대 출신의 의사를 지방에 머물게 할 제도는 없고, 강제는 불가능하며, 인력 수요가 폭증한 수도권 병원의 흡입력이 크기 때문이다.

의대 정원을 늘리겠다고 했을 때, 가장 반긴 사람들은 대학 총장들이었다. 그리고 2차 병원 이상의 종합병원장들은 조용하게 반색했다. 의대생이 늘면 대학의 수익과 인식이 상승할 것이고, 종합병원들은 앞으로 좀 더 낮은 임금으로 의사들을 고용할 수 있게 될 테니 말이다. 이들에게는 갑작스러운 의대 증원의 총체적인 문제 의식이나 한국의 의료 구조에 대한 비판적 관점이라고는 찾아볼 수 없었다. 자신에게 유리한 상황이 될 것이라는 호응만 존재했다. 자본가의 목적은 단순히 이윤이듯 그들의 목적은 단순히 유무형의 이익이었다.

무너지는 필수 의료의 재건이 시급하다면, 비급여 진료로 막대한 수익을 올리는 진료과에서 내과·외과·산부인과·소아과 등의 필수 의료로 의사 인력의 이동을 유도하는 정책이 필요하다. 하지만 정부는 급증하는 비급여 진료 영역에 대한 아무런 조치도 언급도 없다. 필수 의료로 유인하는 정책에도 아무런 언급이 없다. 단순히 의사 인력을 늘리면 낙수 효과로 인해서 필수 의료 영역에서 종사하는 의사들이 증가할 것이라는, 상당히 어처구니없는 말만 쏟아냈다. 참고로, 경제학적으로 낙수 효과는 거의 없거나 미미한 현상임이 이미 증명되었다. 그리고 정부의 이 말은, 고된 수련 또는 환자의 생사를 잡고 고군분투하는 의사들의 정신적 의지를 완전히 꺾어 놓았다. 의사들 사이에서는 내과·외과·산부인과·소아과 등의 필수과를 '낙수과'라 부르는 자조적인 말들이 돌기 시작했다.

'바이탈 뽕'이라는 것이 있다. 환자의 생사 또는 환자의 삶을 부여잡고 '환자를 살린다는 자부심' 그 자체의 심리를 말하며, 일종의 자존심이다. 전공의들이 필수 의료과에서 밤잠을 설치며 고된 수련과 노동을 버텨내고, 적은 임금을 참아 가며 일하는 이유이다. 그리고 전문의들이 언제 터질지 모르는 응급 콜과 병동 콜 그리고 시시각각 변하는 환자의 상태에 예민해하고 힘들어 하면서도 필수 의료과에서 일하기를 멈추지 않는 이유이기도 하다. 외과 출신인 나 역시 그랬다. 전공의와 외과 과장 시절, 나는 자부심을 가지고 환자에 대해 항상 고민했고, 웬만한 술기나 처치는 주저 없이 할 수 있다는 당당함이 있었다.

칼을 놓고 개원의가 된 지금도 외과 출신이라는 '바이탈 뽕'

은 여전해서 어려운 환자가 오거나 여러 처치가 필요한 환자가 병원에 오면 최대한 해결을 해 주려 노력한다. 한국 의료 구조 내 필수 의료 영역에서 종사하는 의사들에게 '바이탈 뽕'은 다른 불만을 스스로 누그러뜨릴 수 있는 일종의 마약이었다. 내가 비급여 진료를 하는 타과 의사보다 좀 덜 벌더라도, 환자를 좀 더 잘 보려는 의지를 건강 보험 심사평가원의 규칙들이 꺾어 버려도, 스스로에 대한 자부심으로 버텨 온 것이 사실이다. 그런데 갑작스런 의대 증원과 낙수 효과 운운하는 발언은 직접적으로 그런 자부심에 심각한 상처를 만들었고, 의료 현실에 대한 좀 더 냉정한 자각을 일깨웠다. '바이탈 뽕'은 그저 스스로 분비하는 도파민 같이 자기 만족에 불과하다는 사실을 좀 더 냉정하게 깨달아 버렸다. 현실을 볼에 닿은 시린 얼음장처럼 냉정하게 깨달았을 때, 맨 처음 가운을 벗어 던진 의사들은 수련 중이던 전공의들이었다.

의사 면허를 취득하고 피부나 성형 방면의 비급여 영역으로 바로 나가 나름의 수련을 거쳐 활동하면, 굳이 지금처럼 고생하면서 전공의 과정을 거치지 않아도 더 나은 삶을 살 수 있다. 해외 경험과 언어 능력이 풍부하다면, 해외 진출을 고민하는 사람도 있을 것이다. 그들은 의사로서 삶은 이제 시작이나 다름없는 상황이기 때문이다.

전공의들이 가운을 벗자, 대학병원을 비롯한 2차 병원 이상의 수련병원들의 민낯이 드러나기 시작했다. 전공의들은 전문의 취득 이전 일정 기간 수련을 해야 하는 입장의 의사들이다. 따라서 수련이 우선인 전공의들이 병원을 그만두었다고 해서 병원이 운영되지 못할 이유는 없다. 하지만 분명하게 목도하고 있듯, 수련병원들은 심각한 운영난을 겪는 중이다. 전공의들이 떠난 자리를 교수나 스태프들이 메우느라 정신없고 점점 지치는 상황이다. 인력이 없으니 수술이나 진료가 제대로 될 리 없다. 단지 수련 중인 전공의들이 빠졌을 뿐인데 병원이 운영난을 겪는 이유는, 이제까지 병원들이 전공의들의 노동으로 많은 부분 운영되고 있었음을 반증한다. 전공의들은 값싼 노동력이자 수련이라는 조건으로 쉽게 부릴 수 있는 존재들이었다.

병원 입장에서는 당연했다. 사적 생산 수단과 통제된 수가를 가지고 가장 효율적으로 이윤을 늘릴 수 있는 방법은 값싼 노동력이었다. 전공의들은 그렇게 활용하기 좋은 존재들이었고, 오랜 시간 그렇게 함으로써 자연스레 당연한 일이 되어 버렸다. 전공의들은 그렇게 이윤을 추구하는 병원의 욕심과 정당성 없이 의료를 통제하기만 하는 국가 사이에서 전적인 희생양이었다. 병원에 고용된 의사 1인이 담당하는 병상 수는 무척 많은데도 치료 가능한 사망률(treatable mortality)은 매우 낮은 특이

한 현상은, 고된 노동과 엄격한 수련을 견뎌야만 하는 전공의의 현실 경험과 스스로가 만들어 내는 '바이탈 뽕'에서 기인한다고 볼 수 있다.

의대 증원 논의는 이번이 처음은 아니다. 2020년 문재인 정부는 약 500명 수준의 의대 증원과 공공의대 설립 문제를 논의했다. 코로나19 팬데믹을 턱없이 부족한 공공 의료 영역으로 버겁게 버티던 때였다. 당시 의료계는 파업 등의 방식으로 격렬하게 반대했다. 결국 의대 증원 계획을 무산시켰다.

그때 모습은 개인적으로는 조금 처참했다. 공공의사는 세금 도둑이라는 말들이, 의료 인력이 그렇게 많아도 10퍼센트도 안 되는 공공 의료가 그들을 제대로 활용하지 못하는 모습이, 그런 인지부조화와 부조리에서 무언가 변화가 필요하다는 사실 자체를 깨닫지 못하는 것인지 아니면 애써 외면하는 것인지 모를 의사들의 반발이 안타까웠다. 앞으로 점점 더 빈번할 팬데믹 상황에 대비하려면, 지금도 수없이 주장하는 지역 의료를 살리려면, 그리고 점점 더 증가하는 노령 인구를 고려한다면, 공공 의료 영역은 어쩔 수 없이 늘어나야 한다. 그러려면 현재의 의사들을 국가 정책 아래 역할을 재배치하거나, 의사들을 늘려 현재보다 더 다양한 영역에서 활동하게 하거나, 공공 영역을 늘려 그 안에서 종사할 수 있게 해야 한다.

의료는 자본의 속성과 거리를 두어야 한다는 사실은 코로나 19 팬데믹의 상황이 이미 깨닫게 해 주었다. 그리고 의사들은 이 사실에 최소한의 공감이라도 있어야 했다. 하지만 의사들은 그러하지 않았고, 국가는 엄연한 사실에도 불구하고 의사들 앞에서 무기력했다. 의사들은 무의식 안에서 불만이 팽배한 상태였고, 국가는 통제의 정당성이 부족했다. 오랜 시간 안으로 쌓아 온 문제와 불합리성의 결과였다. 의사들의 이기심이라는 관점은 일단 제쳐두고 보면, 점점 자본의 속성에 굴복하는 세상의 흐름 속에서 통제의 정당성이 부족하다고 인식한 국가의 자격지심에 따른 결과였을지도 모른다.

　그 후 4년의 시간이 흘러 정권이 바뀌었다. 갑작스레 내던진 것 같은 이번 정권의 소위 의료 개혁 정책은 양심도 계획도 깡그리 무시하고 일단 저지른 불장난 같다. 최소한의 고민도 구체적인 계획도 없이 정치적 의도만 가득한 불쏘시개였다. 난데없는 불장난은 지금, 너른 들판을 달려 태울 수 있는 것들은 모조리 태우며 확산하는 중이다.

변화는 필요하다, 섬세하게

어떤 방식 또는 어떤 결정이 합리적인 의료 시스템을 만들 것인가 하는 고민엔 여러 가지 제안을 고려하고, 여러 가지 결정이 내려질 수 있다. 한 국가의 의료 시스템은 단순히 이래야 한다는 단 한 가지의 답으로 결론 내릴 수 없을 정도로 복잡하다. 더구나 우리나라같이 갑작스럽게 만들어 급격하게 구축해 온 의료 시스템은 어쩔 수 없이 여러 문제를 안고 있을 수밖에 없다.

의료 보험의 시작부터 지금까지 50년이라는 시간은 이제는 짧다고도 할 수 없어, 내재된 문제들은 더욱 깊어져 있다. 우리는 별다른 문제 의식 없이 건강 보험료를 내고, 단순히 목이 불편하거나 기침만 해도 수많은 동네 병원 중 하나를 선택해 내원하여 진료와 처방을 받는다. 그러나 이런 의료 시스템에 어느 정도 발을 들이고 있는 의료인이나 행정가 들이라면 '어떻게 할 것인가' 또는 '어떻게 풀어 나갈 것인가'라는 고민에서 자유롭지 못하다.

우리나라의 의사들은 시야가 좁고 사회적 공감력이 부족하다. 극우적 정치성은 아마 이에 기인할 것이다. 게다가 전문 분야라는 권력을 바탕으로 한 집단 이기주의가 강하다. 이는 모순을 안은 채 오랜 시간 문제를 심화시켜 온 의료 시스템에 안주하면서 스스로 형성한 면이 없지 않다. 국가가 의료를 통제하려 노력한다. 하지만 수시로 바뀌는 의료 정책의 혼란과, 이를 비판하는 의료계와 의료 분야 영역의 목소리 앞에서 국가는 단호한 힘을 쓰지 못했다. 이는 해결하지 못한 의료 시스템 안의 모순을 의식한 자격지심에서 기인하는 면도 있을 것이다.

2,000이라는 숫자는 그래서 합리적인가? 합리적인가라는 질문은 차치하더라도 주먹구구식으로 계산한 뒤 아무런 설명도 없고 구체적 계획도 없이 내던진 정책은 자체로 매우 무책임하다. 매우 무책임하지만, 그래도 나름 생각이란 건 하고 있겠지 싶어 대략의 흐름을 짚어 본다. 하지만 이 숫자는 지방 의료를 살리고 필수 의료를 살리겠다고 날마다 외치는 정부의 목소리

와는 아무리 생각해도 무관하게 느껴진다. 전반적인 통제 국가가 아닌 이상, 지방의 의사가 수도권으로 이동하는 데 막을 방법이 없고, 피부 성형 등의 소위 돈 되는 과에서 필수 의료로 의료 인력을 유도할 방법은 아예 존재하지 않는다.

의료를 자본에 종속시켜 완전한 시장 논리로 방치하든가, 아니면 자본과 충분한 거리를 두어 사회 보장 시스템으로 충실하게 역할을 하게 하든가, 또는 그 둘 사이에서 적절한 균형점을 찾을 노력을 해야 할 것이다. 하지만 지금은 단순히 의사 인력을 늘려, 현재 존재하거나 앞으로 늘어날 3, 4차 종합병원에서 수련이라는 명목으로 이루어지는 저렴한 노동력을 충분히 공급하는 데 주목적이 있다고밖에 볼 수 없다.

수련을 마친 전공의들은 전문의를 취득하고 전임의, 촉탁의 등의 명칭을 달고 다시 한동안 종합병원의 덜 저렴한 노동력이 되어 일을 하게 될 것이다. 현재의 구조에서 의사 수만 늘어난다면, 이미 넘치고 있는 개원가들의 경쟁은 더욱 심화될 것이다. 자본 논리에 충실한 2차 병원은 봉직의들에 대한 처우가 긍정적이지 않은 방향으로 변할 것이다. 그리고 경쟁의 아수라장으로 변해 있을 피부·미용·성형 분야에서의 생존 가능성은 수련을 마친 뒤 강호의 세계(의사들은 수련이나 근무하는 종합병원 바깥의 세상을 이렇게 부른다)에 발을 들일 생각조차 못하게 만들 것이다. 이는 늘어난 의사 인력으로 인해 의사들의 평균 수입이 매우 낮아질 것이란 의미이기도 하다. 그런 상황에서 개원이 이득이 될지, 취업은 잘 될지 알 수 없는 상황이 조성될 것이고, 의사들은 자의든 타의든 각자 자리에서 지금보다 더 격화된 생존 싸움을 벌여야 할 것이다.

이것이 의료 전반의 질적 변화에 어떤 영향을 줄지는 아무도 알 수 없다. 다만, 이윤을 추구하는 자본의 속성을 고려하자면, 과잉 진료로 인하여 전체적인 의료비가 상승할 것이다. 이는 건강 보험의 재정 악화와 보험료 상승으로 이어질 가능성이 크다. 첨언하자면 서로 얽힌 관계로 인해 다 같이 잘 되기보다는 타인의 흥함에 시기와 질투가 팽배한 사회 분위기와도 연관이 있다. 의사들이 사회를 바라보는 시야가 좁고 합리적인 이해 능력이 부족하다는 사실은 일차적 원인이긴 하다. 공감받지 못하면서도 수익은 전반적으로 높은 의사 집단을 시기하는 사회 분위기를 무능한 정부가 이용하여 2024년 4월의 총선 전 자신들에게 유리한 분위기를 만들려 했던 의도 역시 부정할 수 없다. 결과적으로 2,000이라는 숫자는 종합병원들의 이익에 봉사하기 위함일 뿐이다. 정체성도 사회 보장성도 뭔가 애매한 한국의 의료 구조 속에서 이윤 추구를 위한 자본 논리에 충실하는 방법은 이 방법이 가장 낫다는 판단일 것이다. 숫자 말고는 아무런 구체적 계획이 없는 상황에서 그나마 의심하고 예측할 수 있는 지점이다.

나는 목요일 오후가 되면 촉탁의로 요양원 방문 진료를 간다. 그리고 방문간호 업체와 연계하여 의사의 판단이 필요한 재택 환자가 있으면 업체 간호사와 함께 방문 진료를 다녀오고 방문 간호 지시서를 작성한다. 일종의 왕진인 셈인데, 아무리 생각해도 진료를 하는 것이라면 그냥 진료실을 지키는 것이 몇 배 더 이득이다. 하지만 방문 진료를 다녀 보면 의사가 반드시 진료실에만 있어야 할 것은 아니라는 생각이 많아진다.

점점 증가하는 독거노인의 숫자, 그 노인들이 집에 홀로 있으면서 접하는 정신·신체적 문제 역시 증가하고 있다. 요양 병원 입원이나 요양원 입소가 필요하지만 여러 사정으로 집에 있을 수밖에 없는 환자들도 많다. 그러나 그들을 찾아가는 의사들은 극소수다. 그런 이들의 집을 찾아가면, 환자의 상태만 보이지 않는다. 그들이 살아가는 모습과 환경, 보호자와의 관계 그리고 적극적 관심의 유무 등등 단지 의료적 문제만이 아닌 전반적 상태를 바라볼 수 있다. 외출복을 차려입고 진료실에 내원한 환자나 보호자를 대할 때와는 달리, 집에서 편안하고 솔직한 차림 그대로의 복장으로 방문한 의사와 마주하는 일은 확실히 다른 기류가 존재한다. 환자가 누워 있는 공간의 공기, 온도, 보호자들의 관심 정도와 그들이 해야 하는 일, 환자 관리의 중요한 팁 등등 진료실과 환자의 집은 대화의 구성과 서사의 흐름 자체가 매우 다른 환경적 차이가 존재한다.

나는 의사들이 좀 더 진료실 밖으로 다녀야 한다고 생각한다. 그리고 임상 경험이 있는 의사들이 의료 행정 안에서 더 많이 활동해야 한다고 생각한다. 팬데믹을 대비하고 지역 의료를 유지하기 위한 공공 의료의 확장과 유지가 필요하며, 국가가 관리하는 요양 기관이나 요양 의료 기관 또는 돌봄 시스템을 늘려 보이지 않는 그늘에서 점점 저물어 가는 노인들의 외로움과 비참을 줄여야 한다. 그러자면 지금의 의료 구조는 좀 더 입체적으로 변화해야 하고, 변화한 구조 안에서 의사의 숫자는 지금보다 더 많아져야 한다고 생각한다. 현실이 그렇게 합리적으로 변했을 때, 의사의 수익 역시 합리적으로 낮아진다고 한다면, 이 역시 수용해야 한다고 생각한다. 의료는 자본의 속성과 거리를 두고 국가의 합리적 통제 안에 있어야 하며, 그런 합리적 환경에서 의사는 변화를 받아들여야 한다. 국가는 의료 구조의 합리적 변화에 대한 일차적 책임이 있는 존재이며, 변화에 대해 의료인과 국민을 설득해야 할 의무를 가진다.

국가의 투자 없이 숫자만 늘리려는 지금 정부의 작태는 분명히 심각한 비판을 받아야 한다. 자본 논리에 의료를 아예 방치할 것이 아니라면, 좀 더 구체적이고 납득할 수 있는 계획이 있어야 한다. 증원 숫자에 대한 재논의 역시 반드시 필요하다. 낙수 효과로 필수 의료를 살리겠다는 식의 무식한 생각과 의지를 잃고 사직한 전공의들에 대한 폭력적 겁박에 대해서는 반드시 사죄를 해야 한다. 의사들 역시 의료구조의 합리적 변화의 방향과 모습을 제시할 수 있어야 하고, 이에 의사 숫자의 증가가 필요하다면 차분하게 받아들여야 한다.

2020년의 합리적 논리에 반항하여 밥그릇 싸움이라는 비난을 받고도 깨달음을 얻지 못한다면, 의사들은 '사람 고치고 돈 버는 기술자' 이상도 이하도 아닌 이기적 존재로 전락할 것이다. 우리에게 필요한 것은 합리적 고민이다. 합리적 고민 안에는 '의료 구조의 변화는 필요하다'라는 명제가 존재한다. 논리를 상실한 폭력 기구로서의 국가와 얄팍한 사회적 시선으로 이기심을 버리지 못하는 의사 집단은 모두 합리적 고민을 앞에 두고 서로 마주할 자격조차 갖추지 못하고 있다.

그 이전에 지금의 상황은 국가의 폭력이 우선 문제인 상황이다. 정부의 사과가 이루어지고, 입장과 정책 수립의 구체적인 안이 먼저 나와야 한다. 그런 다음 의사 집단이 보여 줄 대응은, 사실 현 시점에서 무언가 긍정적인 모습을 상상하기가 쉽지 않다. 의료 구조의 근본에 대한 합리적 비판과 필요한 변화에 대해서, 전문가 집단으로서 합리적인 제안과 설명을 할 수 있는 자세가 필요하다. 우리는 의료 구조의 변화라는 테제를 앞에 두고, 합리적 사고를 지닌 주체들을 발견하지 못하는 난관에 봉착해 있는 셈이다.

동네 의원 원장의 넋두리

아들이 다니는 고등학교에서 학년별로 학교 생활 설명회를 개최한다고 해서 아내와 나는 기대감을 안고 참석했다. 학교 생활이라니, 아들 녀석이 학교의 프로그램대로 활동하는 모습을 대략 볼 수 있겠구나, 학교는 아이들을 어떻게 교육하고 돌보는지 알 수 있겠구나, 하는 나름의 생각을 가지고 참석했다. 하지만 설명회는 처음부터 끝까지 대학 입시 설명회였다. 목표하는 과나 대학에 따라 준비는 어떻게 해야 하며, 수시와 정시는 어떻게 준비하며, 어떻게 공부하고 대입을 준비하면 유리한지, 거기에 맞춰 학교는 어떤 프로그램과 수업 방식을 꾸려 나가고 있는지가 설명의 전부였다.

참석한 학부모의 90퍼센트는 엄마들이었다. 일부는 수첩과 펜을 들고 열심히 적어 가면서 설명을 듣고 있었다. 나를 포함한 아빠들은 손에 꼽을 정도로 수가 적었다. 설명회의 내용과 집중하는 엄마들의 모습에서 한국의 보편적인 대학 입시 풍경을 보는 것 같았다. 나는 의문이 들었다. 학교 생활을 설명한다는 것은 학교가 아이들을 어떻게 가르치고 어떠한 인간으로 양성할 것인지에 대한 최소한의 내용을 소개해 줘야 하는 것은 아닌가. 모든 설명을 마친 교사가 질문을 받는다고 이야기할 때, 나는 손을 들고 그런 의문을 질문으로 건네 볼까 싶었다. 하지만 그러지 못했다. 그런 질문을 던지는 순간, 나는 참석한 학부모들에게 물정 모르는 한가한 아빠라는 낙인을 찍히기에 딱 좋은 분위기였다.

의대에 진학해서는 예과 첫 세 학기 동안은 교양과목을 수강하며 나름 다양한 분야를 접하고 배울 수 있었다. 예과 2학년 2학기부터는 전쟁의 시작이었다. 여름방학 내내 골학을 공부하는 것으로 시작하여 본격적인 의학 과목을 수강했다. 수강신청 따위는 없이 빽빽하게 짜인 수강 일정과 사이사이의 시험으로 정신없는 몇 년을 보내는데, 생각해 보면 그 속에 의학의 역사나 철학, 윤리 등을 배우는 시간은 전혀 없었다. 의사국가고시를 치르기 위해 의료법을 잠시 번갯불에 콩 구워 먹듯 배운 기억은 있는데, 기초와 임상 의학을 배우면서 철학이나 윤리를 접하지는 못했다. 지금은 의대마다 의철학이나 의료인문학, 의료윤리 관련 수강 시간이 있는 것으로 알고 있다. 개인적으로는 의료윤리나 의료인문학에 관심이 있어서, 뒤늦게 관련 책들을 찾아 읽어 가며 나름의 공부를 하고 있다. 하지만 그런 분야는 의사들에겐 아직까지 스스로 찾아보거나 관심을 갖지 않는 한, 있는 줄도 모르거나 접하기 어려운 분야임에는 틀림 없다. 한국의 의료 환경에서 이런 분야들은 겨우 싹을 틔우고 있는 수준이기도 하다.

전공의 시절, 수련중인 의국 출신이면서 소위 'Big 5'라고 불리는 병원에 근무하면서 외과 세부 분야의 최고 권위자라고 칭송되는 교수님이 의국 모임에 참석한 적이 있었다. 서둘러 병동 일을 정리하고 병원 근처 식당에서 모임을 가졌는데, 그 자리에는 외과 병동 수간호사도 참석했다. 그 교수님과 수간호사님은 함께 일했던 인연이 있었는지 잘 알고 있었다. 20명 남짓 되는 사람들이 모여 식사를 하는데, 교수님이 수간호사님과 호탕하게 이야기를 나누었다.

"너 이제 몇 살인 거냐?"

"교수님, 저도 이제 나이가 많이 들었죠. 아이들도 모두 자라서 대학도 갔구요."

"아, 그래? 야……, 그럼 가슴도 다 쪼그라들었겠다야!"

순간 나는 귀를 의심했다. 먹던 일을 멈추고 놀란 눈으로 두 사람을 쳐다보았다. 말을 끝낸 교수는 껄껄거리며 웃고 있었고, 수간호사님은 분위기를 수습하려고 애쓰고 있었다. 주변 사람들은 교수의 눈치를 보며 같이 웃어 주거나, 들었는지 못 들었는지 식사를 계속하고 있었다. 일개 전공의라 자리가 구석진 곳이었으니 다행이었달까. 내 시선을 의식하는 이는 두 사람을 포함하여 아무도 없었다. 그 순간의 시선이 포착한, 기다란 상차림을 두고 모인 사람들의 모습은 어딘가 기괴했다.

2000년 의약 분업 당시, 의사들 입장에서는 나름의 정당성을 담보한 파업이었음에도 일반 대중을 설득할 언어를 갖지 못했다는 심각한 약점이 있었다. 따라서 파업은 결국 실패했다. 이는 단지 2000년의 일만은 아니다. 코로나19 팬데믹을 겪으며 의사 증원 이슈가 나왔을 때의 파업에도, 현재의 2024년 의료 농단에 따른 대한의사협회의 대처에서도, 사람들을 전혀 설득하지 못하고 저항의 이유를 설명하지 못한다. 의학 교육자인 전우택과 양은배는 인문학과 교육학의 관점에서 현재 의사들의 상태를 다음과 같이 정리한다. 첫째, 의사들은 보건 의료 분야의 사회 지도자로서의 능력을 갖출 만큼 충분한 인문사회학적 교육을 받지 못했다. 둘째, 의사들은 인간과 사회를 바라보는 종합적이고 깊이 있는 사고 능력을 갖추는 교육을 받지 못했다. 셋째, 의사들은 도덕과 윤리의 혼란이 심한 현대 사회 속에서 깊이 있는 가치관을 수립하는 훈련을 받지 못했다.

외과 세부 분야의 권위자란 교수의 입에서 저런 저렴한 말이 아무렇지 않게 튀어나오는 이유 그리고 현재 대한의사협회의 회장이란 사람이 쏟아내는 발언마다 낯이 뜨겁고 민망한 이유, 의사 또는 의대생들이 사건 사고 뉴스에 나올 때마다 보편수준보다 높은 비난을 받고 이해받지 못하는 이유이다. 의사는 성격이 파탄 수준이어도 수술 결과만 좋으면 되었고, 세상과 사람을 바라보는 시선이 매우 어긋나 있어도 치료와 처방만 잘하면 되었다. 사실 지금도 그러하다. 그리고 어쩔 수 없이 그러한 사람들은 어느 분야나 있기 마련이다. 하지만 현대 사회의 시선은 이제 의사를 집단의 수준으로 바라본다. 2024년의 의료 농단에서 알 수 있듯, 사회 현상과 사태는 그렇게 의사들을 집단으로 묶어 판단한다. 그러자 의사들의 좁은 시선과 성숙되지 못한 가치관·사회관이 더욱 도드라졌다. 몇몇 생각 없는 인사들의 우발적 발언이라 치부할 수도 있겠지만, 이제 의사들은 전반적인 사회적 인식 능력이 이와 비슷한 상태라는 사실로 드

• 황임경 지음, 《의료인문학이란 무엇인가》, 동아시아, 2021, p.35

러나거나 치부된다. 우리는 그렇게 교육받고 사회에 나와 활동한 세대의 의사들이며, 그 미숙함이 발을 묶어 세상을 설득하지도, 세상에 이해받지도 못하고 있다. 그러니 내과 세부 분야의 권위자라는 노년의 의사가, 당신 세대에 대한 성찰을 하지 못해 지금의 사태를 만들었음에도 반성도 없이, 외국 의사를 수입해야 한다고 주장한다. 지금의 젊은 의사들은 돈만 알아서 수익을 낮추어야 한다고 주장한다. 근거라도 있으면 좋겠지만 근거도 없는 본인의 이야기이다.

"'젊은 의사들 월급 많다' 직격한 의대 교수……. 해외 의사 수입 제안도" 라는 기사도 보았다. 사태에 대한 성찰 없는 이해가 경험의 최대치를 쌓은 노년의 전문가 입에서 쏟아져 나오는 모습을 보면 허탈하기도 하고 앞으로의 해결도 요원해 보인다. 언론이 이를 기사화한다는 생각을 했다면 더더욱 자기 생각을 돌아보고 근거를 충분히 갖춘 다음에 제언을 했어야 할 것이다. 의사 집단은 철학적·사회적 관점에서 한없이 저렴한 집단이 되어 버렸다.

하지만 현재의 의료 농단에서 의사들만이 저렴한 집단일까? 2,000명 의대 증원으로 시작한 정부의 소위 의료 개혁이란 것도 저렴하기 짝이 없긴 마찬가지다. 전공의들이 허탈함에 손을 놓아 버린 이유, 의료계에서 막말만 난무할 뿐 구체적인 비판이 제대로 나오지 않는 이유 중 하나는, 정부가 제시한 2,000명의 근거와 의료 개혁의 필요성에 대한 구체적인 설명이 없기 때문이다. 더욱이 앞으로 어떻게 의료구조를 개선해 나가겠다는 계획은 대략적인 로드맵조차 제시되지 않아서, 비판과 분석의 초점을 잡을 수조차 없기 때문이다.

심각한 것은 의료 정책의 모든 사안을 결정하고 실행하는 보건복지부 고위공무원들의 인식 수준이다. 전공의와 의사 집단을 일단 범죄 집단과 예비 범죄자들로 내몰아 손발을 묶어 버렸다. 어떠한 논의도 설명도 제안도 없는 상태에서 갑자기 말이다. 환자의 생명을 돌본다는 자긍심과 책임감으로 힘들게 버텨 온 소위 필수 의료과의 의사들을, "의사가 늘어나면 낙수 효과로 인해 기피하는 필수 의료과에도 의사들이 충분히 많아질 것이다"라는 발언으로 사기를 꺾어 버렸다.[*] 필수 의료는 졸지에 낙수과가 되어 버린 것이다. 더욱 심각했던 것은 의대 증원으로 해부학 실습을 위한 시신이 부족하면 시신을 수입하겠다는 발언에서였다.[**] 해부용 시신을 기증하는 깊은 의미와 시신

---

[*] 2023년 10월 19일 박민수 차관 발언
[**] 2024년 3월 21일 박민수 차관 발언

에 대한 인간의 예의를 온전히 망각한 발언이었다. 또는 고위 공무원이라는 존재의 성찰 능력이나 인문학적 소양을 심각하게 의심할 수 있었던 순간이었다. 어쩌면 우리는 상식이나 성찰이나 소양의 관점에서 상당히 저렴한 인간들의 지배를 받고 있는 것인지 모른다.

세상은 매우 풍요로워졌고, 정보와 편리가 넘치고 있다. 하지만 우리는 그에 비례해서 행복하고 사고하며 성찰하는지 돌아보면 긍정적인 답을 내놓기 어렵다. 사람들은 점점 예민해지고 있다. 시선과 사고는 점점 좁고 얇아지며, 편협과 이기심이 난무하는 세상이 되어 가고 있는 것은 아닐까? 분명한 사실은 우리 사회는 신뢰가 점점 붕괴하고 있다는 점이다. 우리는 세상에 그리고 내 주변의 사람들에게 기본적인 선의를 가지고 살고 있다고 생각한다. 그런데 지금 우리는 그런 선의가 점점 사라지고 있음을 어렵지 않게 느끼고 있다. 서로가 책임을 지지 않으려 하고, 상대에게 떠넘기려 한다. 선의가 사라지고 책임을 회피하려는 세상에서는, 기회의 틈을 타고 악의가 피어난다. 지금 우리는 서로가 그러한 세상을 만들고 있음을 깨달을 필요가 있다.

나는 아들이 다니는 학교 설명회에 오로지 입시 관련 설명만 있었다는 사실이 조금 걱정스럽고 슬프다. 한 나라의 의무 교육 과정만으로도, 아이들이 사고와 성찰 능력을 가지고 스스로에 대한 믿음과 타인에 대한 배려심을 키울 수 있다면 얼마나 좋을까? 물론 학교에서 그런 수업과 프로그램을 실행한다고 해서 모든 아이가 그렇게 성장한다거나, 세상은 지금보다 좀 더 행복하고 배려심 넘치는 공동체가 될 수 있다고 생각하지는 않는다. 마찬가지로 의과대학 수강 과정에 의료윤리나 철학 등의 과목이 포함된다고 해서 의사 전반이 좀 더 성찰하고, 사회를 깊게 이해하고, 전문가로서의 사회적 소양이 풍부해질 거라고 생각하지 않는다. 다만 아이들이나 의사들이나 적어도 최소한의 그런 교육이나 경험의 기회를 가져 볼 필요는 있지 않을까 생각해 보는 것이다. 적어도 세상을 살면서 그런 성찰이나 사고가 필요하다는 생각을 할 수 있는 기본적 소양은 갖추어야 하지 않을까 하는 것이다. 허나 이는 그저 나만의 생각일 뿐이다. 일개 의사로서, 몇 달째 이어지는 의료 농단 사태에서 아무런 말도 행동도 하지 못한 채, 동네 점방이나 다름없는 작은 의원을 근근이 운영해 나가는 소심한 의사로서, 조용히 떠들어 보는 잡담 수준의 이야기일 뿐이다.

내가 경험한 의료 현실을 자본론에 대입하여 분석이라는 것을 하다가, 의료 농단 사태를 맞아 내가 하려는 이야기와 결이 비슷한 부분들이 있어 넋두리 같은 말들을 너무 길게 쓰는 것은 아닌가 싶다. 사실 개인적으로는 의료 농단 사태 이후의 정부의 폭압적인 추진과 이에 동조하는 듯한 언론의 논조들 그리고 세상을 조금도 설득하지 못한 채 막말과 자신들의 말만 쏟아내는 의료계의 모습에 실망하여 세상의 이야기 듣기를 대부분 끊어 버렸다. 눈과 귀를 거의 차단한 채, 개인적으로 하고자 하는 공부와 일상을 이어 가고 있다. 그럼에도 보이고 들리는 것이 있어 접하다 보면, 합리성이라고는 느껴지지 않는 세상의 우악스러움에 다시 애써서 눈과 귀를 닫는다.

누군가가 그랬다.

"대한민국 최고 대학의 최고 학부를 나왔다는 사람의 상식과 사고 수준이 저따위고, 우리는 그런 인간을 최고 통수권자의 자리에 앉혔다."

이 말에 깊이 공감하려니, 나는 현재의 세상에 대해 할 수 있거나 하고 싶은 말들이 그다지 떠오르지 않는 것이다.

20세기 끝자락 어느 날, 마르크스주의 학자인 에릭 홉스봄은 세계적인 펀드매니저이자 투자자인 조지 소로스와 점심을 같이 한다. 그 자리에서 조지 소로스는 에릭 홉스봄에게 묻는다.

"마르크스를 어떻게 생각하십니까?"

에릭 홉스봄은 속으로 깜짝 놀랐다. 조지 소로스는 자신과 사상이나 견해가 대척점에 가까울 정도로 다른 사람이었기 때문이다. 그래서 그는 논쟁을 피하려고 모호하게 대답을 한다. 그러자 소로스가 대답한다.

"그 사람은 우리가 유의해야만 할 자본주의에 관한 무엇인가를 150년 전에 발견했군요."

이후로 마르크스는 경제 분야의 관심 대상으로 다시 떠오르며, 많은 사람에게 진지한 연구의 대상이 된다. 특히 2008년 서브프라임모기지 사태로 인해 자본주의가 심하게 요동치던 시절, 사람들은 마르크스를 다시 소환한다. 자본론 읽기를 비롯하

에릭 홉스봄 지음, 이경일 옮김, 《세상을 어떻게 바꿀 것인가》, 까치, 2012, p.16

여 자본에 대한 연구가 활발히 이루어지며, 마르크스와 자본론은 하나의 유행처럼 다루어졌다. 물론, 자본론을 공부했다고 해서 1930년대 초 이후로 가장 큰 위기를 맞은 자본주의가 회생의 돌파구를 찾은 것은 아니다. 사람들은 자본의 근본 속성을 제대로 깨우치면서 겨우겨우 자본주의를 이어 가려 노력했다. 그런 노력이 노동자가 아닌 경영자를 중심으로 이루어졌다는 사실 역시, 매우 새롭고 흥미로운 점이다.

자본론이 현실 속 자본을 이해하는 데 있어 절대적이진 않다. 마르크스가 했던 이야기들이 전부 들어맞지도 않았고, 자본을 이해하는 방식은 시대마다 달라지기도 했다. 마르크스는 공황이 발생하면 노동자들의 투쟁이 발생하여 계급 전복을 통한 프롤레타리아 계급의 세상이 도래할 것이라 했다. 하지만 현실은 대공황 이후 세계대전이 벌어졌고, 전후 재건 활동을 통해 20세기 자본주의의 전반적인 호황으로 이어지며 계급 구조는 변함없이 이어졌다. 자본의 가치는 인간의 추상적 노동에서 발생한다고 이야기했지만, 지금은 컴퓨터 앞에 앉아서 주식이나 가상화폐에 투자하거나, 부동산 투기 등을 통해 돈을 부풀리는 행위가 대단한 관심과 존중을 받는 세상이 되었다. 그러니까 거품경제가 실물을 만들어 내는 세상에서, 가치에 대한 그의 이론으로는 설명되지 않는 부분이 많아졌다. 내가 자본에 대해 깊은 공부를 한 것은 아니라서 더 이상의 심도 있는 이야기를 할 수는 없지만, 자본론은 자본의 성격, 가치의 개념, 특히 인간의 노동이 만들어 내는 가치에 대한 가장 근본적인 이해를 제공한다. 나는 가장 근본에 있는 이론과 이해를 바탕으로, 내가 속해 있는 대한민국의 의료 시장의 현실을 자본론에 접목하고 나름의 분석을 시도해 보았을 뿐이다.

대한민국의 의료는 낮은 본인부담금과 접근성이 용이하다는 관점에서 사용자 편의가 극대화된 형태로의 큰 장점을 지니고 있다. 하지만 좀 더 구조를 파헤쳐 보면 여러 입장과 관점에서 많은 문제점을 가지고 있기도 한다. 건강 보험 심사평가원이 제시하는 진료나 처방의 지침은 나름의 학문적 근거를 바탕으로 만들어졌다고 말한다. 하지만 실제로는 재정 문제나 근거의 편향 그리고 진료 현장에 대한 이해 부족이라는 점에서 비판점이 많다. 이 때문에 진료 현장의 현실이나 교과서적인 치료와 갈등을 수시로 빚어낸다. 그래서 의료제공자인 의사들의 입장에서는 교과서 외에 '심평의학'을 따로 배워야 한다는 자조 섞인 한탄을 한다. 본문에서도 이야기했지만, 건강 보험은 취지와는 다르게 점점 발전하는 의료 기술을 보험 영역 안으로 끌어들이는 데에 매우 소극적이다. 급여 항목을 확대하려 하지만, 합리와 재정 관리의 관점에서 매번 허점을 드러내고 만다.

건강 보험 보장의 증대와 확대를 위해서는 건강 보험료의 인상이 불가피하고, 합리적인 재정 관리를 위해서는 경증환자들의 의료 이용률을 낮추고 중증환자 치료 항목의 수가를 높여야 한다. 하지만 정치적인 이유로 이런 이야기는 아예 언급되지 않는다. 자본의 관점에서는 더욱 명확하다. 모든 유무형의 의료 자산을 의사 개인에게 모두 준비시킴으로써 '생산 수단의 사적 소유'라는 자본주의적 특성을 방치한다. 그러고는 '당연지정제'를 통해 모든 의료기관이 건강 보험의 통제를 받게 하고, 의료 수가를 강제함으로써 자유로운 자본주의 경제 활동을 억압한다. 겉으로는 잘 보이지 않는 내적 모순이 의료인의 현실로 다가온다. 의사들의 인성이나 윤리 도덕의 문제를 떠나, 자본주의 구조 안에서 의사들이 불만을 가질 수밖에 없는 근본적 원인임을 본문에서 수 차례 언급했다. 사회적으로는 누구나 쉽고 편하게 이용할 수 있는 건강 보험 제도라는 점에서 훌륭하지만, 자본적으로는 자본의 축적이라는 자연스러운 활동을 제약당할 수밖에 없는 불합리의 문제가 존재하는 것이다.

자본적 관점에서 의료의 내적 모순을 이야기하고자 글을 쓰는 중에, 2024년 윤석열 정부의 '의대 증원 2,000명'이라는 정책 발표 소식을 듣게 되었다. 증원 숫자 자체의 규모말고는 아무런 자세한 계획이 없다는 점 그리고 계획 실현을 위해 자행되던 폭압적 정책에 충격이 상당해서 한동안 무엇을 말할 수 있나 싶어 어리둥절했다. 정신을 차리고 사태의 추이를 지켜보며, 이를 자본의 관점에서 바라보려 노력했다. 좀 더 세부적인 정책은 제시되지 않았고, 의사들을 비롯한 수많은 사람은 각자 나름의 의견과 분석을 내놓았다. 결국 전공의라는 저렴한 노동력을 병원급 의료 시장에 넉넉하게 공급하려는 의도와 수적으로 증가한 의사들 간의 과잉 경쟁을 유도하여 비급여 등의 통제되지 않는 의료 비용을 낮추려는 시도를 예측할 수 있다. 하지만 늘어난 의사들이 시행하는 의료 행위에 대해 지불해야 하는 건강 보험 재정은 어떻게 할 것이며, 경쟁이 유발하는 과잉 진료는 어떻게 대처할지 아무런 계획이 없다. 전공의를 수련의 주체가 아닌 저렴한 노동력으로 보는 저열한 시선과 의사가 많아지면 낙수 효과에 의해서 필수 의료 과목에도 인력들이 채워질 것이라는 한심한 사고는 이미 목격한 사실이다. 해부학 교육을 위한 시신은 부족하면 수입하면 된다는, 이 나라 정부의 어느 고위공무원의 발언은, 윤리 의식과 인간 가치에 대한 기본적 소양이 머릿속에 있기나 한 건지 심각한 의심을 불러일으킨다.

이 글을 쓰는 2024년 여름 현재, 전공의는 병원으로 돌아오지 않고 있으며, 의대생은 학교로 돌아오지 않고 있다. 응급진료 시스템은 점점 무너져 내리고 있다. 정부는 자신이 저지른 일이 어떻게 흘러가는지를 분명하게 목도하면서도, 수습은커녕 책임을 떠넘기며 나 몰라라 하는 데에만 골몰하고 있다. 정부의 능력과 철학과 소양의 문제는 이제 부차적인 문제가 되어 버렸다. 우리는 의료 제도의 심각한 위기 상황에 직면하고 있다.

한국의 의료는 변화가 필요하다고 생각한다. 몇 년 전 코로나19 팬데믹과 현재 개인적으로 다니고 있는 왕진의 경험을 바탕으로, 우리는 공공 의료를 어느 정도 늘려야 하며 의사가 진료실 밖으로 나와 활동할 수 있는 영역을 늘려야 한다. 의사의 손길과 판단이 정말 필요한 사람들이 여러 현실적 이유로 병원에 오지 못하는 상황을 너무 많이 본다. 돌봄의 문제는 고령화사회에서 필수적으로 고민해야 하는데, 이는 어쩔 수 없이 의사의 적극적인 판단과 관심을 요한다. 하지만 우리나라의 돌봄제도는 구조적으로 의사의 손길이 쉽게 닿지 않는 문제를 안고 있다. 의사들이 진료실 밖으로 나와 활동한다면, 도움이 필요한 환자들에게 좀 더 용이하게 접근할 수 있으며 돌봄의 사회적 부담은 좀 더 가벼워질 수 있다.

팬데믹의 상황은 규모의 크고 작고를 떠나 우리에게 수시로 닥칠 것이다. 이를 대비할 수 있는 방법 중 하나는 공공 의료의 확장이고, 이는 다른 관점에서 점점 무너지고 있는 지방 의료의 현실적 문제를 어느 정도 해소할 수 있는 방안이기도 한다. 또한 의사가 행정 분야에서 좀 더 활동할 수 있는 영역이 늘어난다면, 현실 또는 원칙과의 괴리로 비판받는 심평의학이라는 자조는 좀 더 줄어들지 않을까? 그런 변화의 과정에서 의사 수가 늘어나야 한다면 늘려야 하고, 의사들의 현실적 처지가 변해야 한다면 받아들여야 한다. 큰 틀에서 보자면, 의료는 국가 서비스인 만큼 자본의 논리와 어느 정도 거리를 두어야 한다. 자본의 논리와 거리를 두려면, 자본주의 사회에서 국가의 통제는 피할 수 없으며, 국가의 통제는 이해가 가능할 만큼 합리성을 가져야 한다.

두 번째 책을 내었다. 첫 번째 책과는 내용과 결이 많이 다르다. 자본론이라는 딱딱한 이론을 의료라는 현실에 접목하는 작업은 상당한 공부를 요하는 일이었다. 그런데도 나는 공부에 게을렀고, 자본론도 한국의 의료 현실도 제대로 이해하고 썼을까 하는 두려움이 여전하다. 그래서 자본론에 담긴 가장 기초적인 이론에 내가 경험한 현실을 접목시켜 보았다는 변명으로 두려움을 애써 감추어 본다. 자본론을 처음 접한 것은 십수 년전 발간된 임승수의 《원숭이도 이해하는 자본론》이었다. 이후 자본을 설명하는 여러 책을 접하며 피상적인 이해만을 하고 있다가, 황선길이 번역한 《자본》을 읽었다. 쉽지는 않았다. 마르크스는 은유와 분석으로 그리고 자신이 살던 시대의 현실을 통해 자본을 설명하였다. 이후 자본에 관한 여러 책을 접했지만, 스스로 제대로 이해하고 있는가 하는 의구심이 들었을 때, 김규항의 《자본주의 세미나》를 읽었다. 간략한 내용에 핵심이 잘 드러나 있었지만, 무엇보다도 김규항 선생과 직접 대화를 나누며 개념을 좀 더 깊이 이해하는 과정이 있었기에, 떠도는 부표 같았던 나의 이해는 충분한 중력을 가지고 깊이 침잠할 수 있었다. 동시에 글에서 드러날 수 있는 이해 부족이나 오류는 전적으로 저자의 학습 부족과 게으름에 기인함을 분명히 해 둔다. 좋은 책과 깊은 이해를 도와주신 김규항 선생께 깊은 감사를 드린다.

청년의사에서 발행한 박재영 주간의 《개념 의료》를 통해 우리나라 의료의 구조와 역사에 대한 이해를 할 수 있었다. 또한 내가 가장 궁금해했던 의료 수가의 가치에 대해 명쾌히 설명해 주어서 많은 도움이 되었다. 청년의사 스토리 작가이자 가정의학과 전문의 김응수 선생과 가정의학과 허인옥 선생은 원고를 살펴보고 상세하고 깊은 조언을 아끼지 않았다. 소규모 자영업장을 운영하는 친구 권민경과 조아용 역시 내게 필요한 조언과 자영업자로서의 시선에 대한 이해를 제공해 주었다. 또한 아내는 내가 퇴근하여 서재에서 말없이 글을 쓰고 있을 때마다 필요한 것들을 챙겨 주고 조용히 기다려 주며 말 없는 응원을 전했다. 그 외, 여러 사이트와 소셜 네트워크에서 도움이 되는 자료를 제시해 주고, 나보다 더 냉철한 논리와 의견으로 현상을 분석해 준 많은 분께 감사의 마음을 전한다. 덕분에 나는 그나마 책이 될 수 있는 글을 쓸 수 있었다. 겨우겨우 차려 만든 글을 먼저 책으로 내자고 제안해 준 청아출판사에도 감사의 마음을 전한다. 책은 나 혼자만의 결과물이 아님을 매번 깊이 깨닫는다.

앞길을 함부로 말할 수 없는 지점이다. 과거와 현재를 말하려는데, 갑자기 미래의 불확실성이 진득하게 달라붙었다. 분명한 것은 각자가 합리적 이성과 사고를 위해 노력해야 하고, 수시로 뒤돌아보며 신념을 가져야 한다는 사실이다. 그런 개인들이 모인 공동체는 분명 합리적인 방향을 찾아 길을 만들 것이다. 그 길을 찾는 과정에 이 책이 조금이라도 도움이 될 수 있다면, 나는 그저 감사할 따름이다.

진료실 자본론

초판 1쇄 인쇄 · 2024. 9. 13.
초판 1쇄 발행 · 2024. 9. 26.

—

지은이　전영웅
발행인　이상용 · 이성훈
발행처　청아출판사
출판등록　1979. 11. 13. 제9-84호
주소　경기도 파주시 회동길 363-15
대표전화　031-955-6031 팩스 031-955-6036
전자우편　chungabook@naver.com

—

ⓒ 전영웅, 2024
ISBN 978-89-368-1246-1　03300

—

* 값은 뒤표지에 있습니다.
* 잘못된 책은 구입한 서점에서 바꾸어 드립니다.
* 본 도서에 대한 문의사항은 이메일을 통해 주십시오.